中国の広告とインターネットの実態

Hui-giok LIM
林 惠 玉 [著]

中央大学出版部

まえがき

　本書のテーマは，中国における広告史とインターネットの実態です。
　第1章では，中国上海最大の新聞『申報』紙上における19世紀後半から20世紀前半にかけての広告の様相を検討しました。中国の現状を早く知りたい方は，あとまわしにしていただいても結構です。1949年の中華人民共和国成立から1978年の改革開放政策への転換までの約30年間は，中国ではほとんど広告の空白期です。
　第2章では，改革開放下の中国で広告会社が設立され，広告関連法規が整備されてゆき，広告関係出版物が刊行され，広告業が発展していった過程をあとづけ，このなかでトヨタ・日本ペイント・ナイキの広告が中国に対する「侮辱」として攻撃された事件を分析し，日本・アメリカ企業の広告に対する中国ナショナリズムの攻撃の実態を明らかにしました。
　第3章では，第2章に引き続き日本SK-II，アメリカ商品デル・アイスクリーム，マクドナルド，ケンタッキーなどの広告に対する攻撃，中国企業・屈原ビールの広告に対する攻撃の実態を分析するとともに，健康に危害を及ぼす中国国内の医薬・保健食品類広告の実態を明らかにしました。
　第4章は，中国におけるインターネット問題です。中国では2008年6月現在で，インターネット接続PC（パソコン）台数は，2億5300万台に達し，すでに世界第1位を占めている（2009年12月現在，3億8400万人）。インターネットは，国境の壁を越えるものなので，中国におけるインターネットの普及は中国の民主化をもたらすだろうと期待されていましたが，現実はそうなっているどころか逆です。中国政府は，20世紀90年代から現在にかけてファイアーウォール・「金の盾」などのプロジェクトによってインターネットを国家管理するという逆説を実現してきました。その技術は，すべてヤフー・マイクロソフト・グーグルなどのアメリカ企業が提供したものでした。中国政府は，これによって「ネット警察」を立ち上げ，言論弾圧を徹底させています。ヤフーやグ

ーグルは，中国市場への進出の利益と引き替えに言論弾圧に協力し，「人権侵害」に加担したと非難されているのです。

　わたしの研究テーマは，東アジア・マスメディアです。今回は，中国の広告とインターネットを取り上げました。現在，中国のウェブでは，行き過ぎたナショナリズムが花盛りであるとともに，すさまじいまでの言論統制・弾圧が横行していますが，日本ではよく知られていないようです。失礼ながら，それはこれらの状況を十分観察している人があまりいないためと思われます。わたしのつたない考察が多少なりともご参考になれば，望外の幸せです。

　本書の出版は，早稲田大学20世紀メディア研究所所長山本武利教授，中央大学斎藤道彦教授，中央大学出版部大澤雅範氏の並々ならぬご理解・ご援助によって実現したものです。深く感謝の意を表します。

2010年4月28日

林　　惠　玉

〈目　次〉

まえがき

第1章　『申報』に見る近代中国広告文化の一考察

はじめに ……………………………………………………………………… 2
1. 19世紀後半における『申報』の創刊と広告活動 ………………………… 4
　1.1　広告媒体としての『申報』 …………………………………………… 4
　1.2　『申報』による広告活動 ……………………………………………… 11
2. 『申報』による広告活動と社会の消費文化への影響 …………………… 20
　2.1　阿片吸飲癖矯正の広告 ………………………………………………… 20
　2.2　中国人による模造商品の広告 ………………………………………… 25
3. 社会環境の変遷と広告への影響 …………………………………………… 34
　3.1　国産品愛用提唱と広告 ………………………………………………… 34
　3.2　国産品愛用提唱と欧米商品 …………………………………………… 43
　3.3　盧溝橋事変発生後の中国社会と広告 ………………………………… 46
おわりに ……………………………………………………………………… 49

第2章　改革開放後の中国における広告と中国「侮辱」事件

はじめに ……………………………………………………………………… 58
1. 改革開放後の中国における広告の発展過程と環境 ……………………… 59
　1.1　1979-1987年に設立された広告会社と広告教育 …………………… 60
　1.2　広告法規の整備 ………………………………………………………… 64
　1.3　1980-1999年に刊行された広告関係刊行物 ………………………… 64
　1.4　中国広告産業の発展 …………………………………………………… 69

2．中国における外国企業広告の中国「侮辱」事件 ……………………… 72
　　2.1　トヨタ自動車広告の中国石獅「侮辱」事件 ………………… 72
　　2.2　日本ペイント広告の中国竜「侮辱」事件 …………………… 83
　　2.3　ナイキ広告の中国文化「侮辱」事件 ………………………… 91
　お わ り に ……………………………………………………………………… 96

第3章　21世紀初頭中国における"問題広告"

　は じ め に …………………………………………………………………… 104
1．日本SK-II事件 …………………………………………………………… 106
2．アメリカ商品の"問題広告" …………………………………………… 116
　　2.1　HP「連想」広告事件 ………………………………………… 117
　　2.2　デル「アイスクリーム」広告事件 …………………………… 117
　　2.3　マクドナルド「ひざまずき」広告事件 ……………………… 118
　　2.4　ケンタッキー"激励篇"広告事件 …………………………… 119
3．歴史上の人物を登場させる"問題広告" ……………………………… 122
　　3.1　"屈原ビール"問題広告 ……………………………………… 122
　　3.2　"屈原牌飼料"問題広告 ……………………………………… 127
4．中国国内の医薬，保健食品類の"問題広告" ………………………… 134
　お わ り に …………………………………………………………………… 147

第4章　中国インターネット事情

　は じ め に …………………………………………………………………… 154
1．中国におけるファイアーウォールと「金の盾工程」の建設 ……… 155
　　1.1　ファイアーウォールの建設と法規の制定 …………………… 155
　　1.2　「金の盾工程」の構築過程とその影響 ……………………… 165
2．中国政府のネット封鎖政策への米国企業の対応とその影響 ……… 170

2.1 ヤフーが個人情報を漏洩したため中国政府批判者が
      逮捕された事例 ………………………………………………… 171
  2.2 マイクロソフトが「デリケートなキーワード」を封殺した事例
      ……………………………………………………………………… 175
  2.3 グーグル（Google）濾過検索キーワードとサイトの事例 ……… 178
 3. インターネット発展状況の調査と実態 ………………………………… 186
  3.1 CNNIC によるインターネット発展状況調査 …………………… 186
  3.2 インターネット上の監視実態 ……………………………………… 192
  お わ り に ……………………………………………………………………… 200

第1章

『申報』に見る近代中国広告文化の一考察

はじめに

　中国では，1978年12月の「改革開放」以来，広告産業も経済の成長に伴い，政府に重視されるようになった。とりわけWTO加入後の2004年より，中国政府はWTO協定中の『貿易服務減譲表』の規定に基づき，外資系企業が中国人との合資でなく単独でも広告会社を設立できることとした[1]。また，国務院は，国際広告協会との合意の下に，国家工商行政管理総局が2004年9月，北京で第39回世界広告大会を開催すること，この大会のテーマを「突破──現在より未来へ」とし，主要な検討内容を「第一，広告の内容と形式の検討。創意，技術，メディアの変革・発展の趨勢を含めた広告の新しい発展の探求。第二，世界経済の新しい情勢の下での広告経営戦略の変革・発展の趨勢の検討。広告業の新しい商機の探求。第三，経済に対する広告の影響力の変革・発展の趨勢の検討。広告業の新しい使命の探究」[2]とすることを許可した。国家工商総局副局長劉凡は「第39回世界広告大会ニュース発表，ニュース発言」において，「中国広告業の真の発展は，改革開放以来の二十数年の中でのことであり，その発展速度は世界の注目を浴びた」[2]と述べている。中華人民共和国成立後しばらくして，中国共産党は資本主義を否定し，商業広告の活動は中断していたが，改革開放政策決定後，再び商業広告の門は推し開かれ，中国広告業界の人々によって「2004年は中国広告産業のミレニアム」と呼ばれるに至っている。

　劉凡が言うように，「中国には数千年にわたる広告の歴史がある。商品の生産と交換には商品情報の伝達があり，そこに広告が生まれるのだということは，誰もが知っている」[2]。中国古代の広告活動は，夏・商・周三代にすでに発生していたと推定することが可能である。とりわけ春秋戦国時代以降は，「支那の古昔，三代の誥誓（こくせい），戦国時代の令，漢の策書，制書，詔書，戒勅とか歴代軍中に於ける檄文の頒布などは何れも宣伝広告の意を含んでゐた」[3]。これらの令，策書，制書，詔書，戒勅などの古代中国官方衙門（がもん）（役所）の文書は，当時，

主要な広告の形式であったと見ることができる。

　戦国時代にはすでに朝廷が朝政に関する文書や政治情報に関する公報文抄として，中国で最も早い新聞形式の『邸報』(「宮門抄」とも称する）があったが，その読者層は主として内外の官僚たちに限定されており，「書写文件材料に限られていた」[4]ので，商業性の広告をのせることはありえなかった。清朝になると，『京報』が誕生した。これは専門の報房によって管理・経営され，一定規模の配布部門があり，中国最初の新聞の雛型であった。その内容は，「朝廷が毎日下す訓諭，上呈される章奏であり，それらはすべて京報にのせられ，民がよって立つ基準とされ，民間のことで一事として君の耳目に達しないものはない」[5]と言われた。以上2種の官報は，「その発展は緩慢であり，中国社会の内部の資本主義の萌芽は発展しなかった。封建大帝国の需要に適応したそうした古代の新聞は，資本主義の近代に適応した新聞に発展することはありえなかった」[4]。「中国人はみずからの近代新聞を生み出し，発展させることはできなかったのであった」[6]。

　1858年に至って，やっと外国人が香港で中国語新聞『中外新報』を発行した。同紙は，外資系企業が最初に広告を掲載した中国語新聞であった。その後，外国人は続々と中国で各種の中国語紙を発行していった。1861年11月，イギリス人商人は上海で『上海新報』を発行した。同紙は上海で創刊された最も早い中国語紙で，その紙面の大部分には商業広告が掲載され，「船舶，洋銀，銅銭の価格，各地商品の価格の動向や，洋行（外国人商店）の商品，土地建物の売買広告が紙面の大部分を占め」[7]ていた。1872年には，イギリス人商人が上海で中国語紙『申報』を発行したため，『上海新報』は競争に敗れ，廃刊に追い込まれた。

　本章の課題は，拙稿「国民政府の教育政策とメディア」（『中央大学経済研究所年報』第34号）に述べたように，19世紀における『申報』の創刊と商業広告の発展を通じて，当時の，土地が広大で，人民の知識程度が低く，文盲が多く，経済が落後していた中国で，いかに近代的新聞の広告が受け入れられていったかを考察することである。また，各種商品の広告活動が中国社会と一般庶民の

生活様式にいかに影響を与えたかを観察する。

1　19世紀後半における『申報』の創刊と広告活動

1.1　広告媒体としての『申報』

『申報』は 1872 年 4 月 30 日，イギリスの茶葉商人 E. メージャーが上海で創刊した新聞である。E. メージャーは，中国での商売に失敗して新聞発刊に転業したのであった。E. メージャーは，「回転の早い資本の投下として新聞を選んだ」[8]。同紙が創刊された当時は，「植民地主義の商業が正に上海で急速に発展していたころ」[9]で，同紙は以前に，人を香港に派遣して『唐字新聞』（中国人は『華字日報』と称する）の経営手法を学ばせた。「新聞の創刊は，西洋人が中国にやって来て以来，香港の『唐字新聞』の編集の体裁が優れているので手本とし，『申報』が『唐字新聞』同様，経営的にも成功し，利益をあげられることを期待した。

一方，『申報』は，中国の官報にならい，朝臣の奏章，詔令，詩文などを掲載したが，中国官報の版木，規則，内容を打破し，広範な中国民衆が新聞に接し，それを受け入れることができるようにするため，創刊号の「本館告白」（「告白」は「敬白」の意）で，新聞の効用と価値について，以下のように述べている。

「今，天下に伝えるべきことははなはだ多いが，いずれも世に知られずに消滅している。それはなぜかと言えば，それを記録する好事の者がいなかったからであり，そのため奇聞逸事も人に知られることがなかったのは惜しまれることであった。古来，多くの史書には記録が極めて博く，山経地志の記述ははなはだ詳しいが，載せているものはすべて前代の遺聞にして既往の故事は篇幅が浩繁にして文辞は高古であり，エリート知識人にあらざれば有るあたわず，文人学士にあらざれば観るあたわざるものであった。（中略）当今の時事は，文は質朴にして俗でなく，簡素にして詳しく，

上は士大夫,下は農工商賈に至るまで皆理解できるというものとしては,新聞のよさに及ぶものはない。(中略)国家の政治,風俗の変遷,国内外交渉の要務,商業(民間)貿易の利害,および一切の驚愕すべく喜ぶべきことは,新人が聴聞して書かざることなく,その真実を探究し,読む者にわかりやすく伝え,大げさな言葉(表現)をもてあそばず,荒唐無稽な表現をしない。それでこそ,時務に心を留める者,ここにおいてその一切を知って謀をめぐらし生活する者は,またここにおいて欺かれることがないのである。この新聞の作は,もとより大いに天下に益を与える。天下は広く,そこで発生することもまた数多く,そこに生活する人間も各処に住んでいてお互いに会うことがない。誰が広く天下を見,あまねく知ることができるであろうか。新聞が出てこそ,伝えられることはすべて天下にあまねく広がるのである。新聞が出てこそ,これを見る皆は,自分の家の戸庭を出でずして天下を知るのである。」[10]

ここからわかるように,『申報』は,同紙が内容的に士大夫および農工商賈(農民・職人・商人)等の各階層の人々が皆理解できることをねらっていた。しかし,同紙が創刊された当時,社会的に影響力を持っていた中国士大夫階級(高級官僚)たちとつながり持ち,彼らの好みに迎合するため,進士に合格していた蔣芷湘を同紙の初代主筆としたのであった。蔣芷湘の下で,「京報は,皇朝象魏の書にして,当然,公布されたものすべてに従い,日ごとにすべて掲載し,省略しない」[10]という原則の通り,新聞編集の体裁は,「初めは北京邸報にならい,府部諭告のほか,上海の当地新聞および詞章小説を掲載」[11]し,当時,「士大夫階級(高級官僚)で『申報』を知らない人はいないほどであった」[12]。内容においては,完全に士大夫階級の嗜好に従ったのであった。

同紙はもともとは,「新奇をひらき見聞を広め四方に流布することを願うものであり,広範囲に取材し,わが見聞を拡める」[10]ことをねらっていたが,各地に人員を派遣して新鮮な異聞を収集するのは簡単ではないことから,「騒人韻士(詩人)にして短歌・長編を投稿したいと思う人がいれば,天下の名勝の

地で作った竹枝詞・長歌・紀事の類はすべて稿料無料である。名論卓説があり，国策・民生・地利・水源の類にかかわるものであれば，上は皇朝経済のもとめに応じ，下は小民の畑仕事の苦しみを知る。本紙にそれを掲載する場合，原稿料は支払わない」[10]とした。これは，一方では当時失意の文人に文章を発表する機会を提供し，一方では同紙の内容を豊かにし，読者の見聞を広める一挙両得の方法であるはずだった。しかし，実際には，「紙上には風流人を気どった小名士や租界の才子たちの低劣な詩文が充満」[13]してしまった。しかも「内容から見ると，ニュースが少なく，政治問題はのせず」[8]，当時の少数の有識の士に罵られる結果となってしまった。

『申報』は，創刊当時は隔日刊であったが，広告の利益から考え，第5号から毎日発行の日刊に改められた。同紙は，経営的利益を重視し，創刊当初に購読料と広告料について，次のような「本館条例」を定めた。

「① 本新報は上海各店と価格交渉を行ない，小売は1部銭8文で販売し，各遠方においては1部銭10文とし，本館は1部銭6文で卸すこととする。

② 本館新聞の開設にあたり，雇人（従業員）を各商店あるいは路上に行かせ，小売を行なわせた。たとえば，読みたい客がいれば，1部銭8文で売り，月単位で買いたい者には申込書を記入してもらい，本館は上期には一カ月の値段を受け取り，1部6文を本館が取り，2文は新聞配達者の報酬として月末に渡し，毎月，金をやり取りする手間を省いた。

③ 本館が新報を設けたのは，もともと情報を広範に伝えることなので，信局［飛脚問屋］を利用して北京および各省に送り販売する。貴飛脚問屋がもし毎日100-200部を仕入れるならば，本館に申込んで頂きたい。本館は1部6文で卸し，月末に清算するさい払って頂く。もし，各処が販売できなかった場合は，月末に新報を回収し，代金を取らない。

④　購読者がもし他の場所で販売したい場合，その代金はすべて飛脚問屋と同じとし，本館にお出で頂き面談する。

⑤　本館新報は，すべて卸売である。購読者がバラ売りで買いたければ各販売店へ行って頂きたい。本館は事務繁忙につき，処理できない。

⑥　「招貼」(貼り紙)で貨物船相場等を「告白」(敬白，広告)し，本館新報に掲載したい場合，50字を単位とし，1日分買う者は250文とする。字数の多い者は10字ごとに50文を追加する。2日分買う者は150文とし，字数が多い者は10字ごとに30文を加算する。3，4日買いたい場合は，2日目と同じ価格とする。

⑦　西洋人で本館新報に広告を掲載したい者は，50字ごとに洋1元とし，50字以上の場合は1字洋1分とし，代金は先払いとする。これは1日の場合で，もっと長い場合は，本館新報は別に定める。本館は，西洋語を訳すことも可能である。

⑧　西洋人は，汽船運行日および競売を「告白」する場合，中国の「告白」の例によれば，西洋語の翻訳を本館を依頼する場合，1日目は中国語の半分を追加し，先払いとする。

⑨　蘇州・杭州などで「告白」を掲載したい場合，新聞販売店責任者に住所，職業を伝え，配達時間の早い価格とし，ほかにその半額を新聞販売人に支払う必要がある。」[10]

『申報』の創刊の動機は，利益の獲得であり，広告収入は同紙の最も重視する金のなる木だったが，創刊当時，同紙の発行部数は多くなく，「現在，本館申報は毎日約3,000部売れている」[14]にすぎなかった。「日々買いもとめる人は少なくないが，本館としては，販売数量は不十分であるが，販売網を広げると，収支がひきあわなくなってしまう」[15]ので，初期の読者は上海の少数士商(知識人・商人)に限定するしかなかった。同紙はこの状況を打破するため，飛脚問屋を利用した郵送方式や各地の友人に委託して販売するなどを試み，「各地の飛脚問屋と話しあい，上海で代理売買の上，郵送する。その部数は多少に

かかわらず，数部あるいは10余部でもかまわない」[15]，「本館はすでに友人を南京に派遣して申報の代理売買を行なっている。金陵［南京］の各官紳士商が他の地同様お買いもとめ下さるよう希望する」[16]などとしたが，販売拠点の拡張には限界があった。

このほか，『申報』の発展に不利な要素としては，上海以外では，船便の関係で新聞は毎日遠方各地に送ることはできないという事情があった。同紙は，事前にその月の「汽船運休」のニュースを掲載し，各地の読者に告知した。たとえば，次のような記事がある。

① 「本館新報の4月分（＝新暦5月）は，初6（＝新暦12日），13（＝新暦19日），20（＝新暦26日），27日（＝新暦6月2日）が汽船運休である以外，その他は毎朝発送し，天候は無関係である。」[5]

② 「本館の新報の5月（＝新暦6月）分は，初4（＝新暦9日），11（＝新暦16日），18（＝新暦23日），25日（＝新暦30日）が汽船運休である以外，その他は毎朝発送し，天候は無関係である。」[17]

『申報』は経営上，欠損の状態が明らかになり，新聞のコスト問題に対応するため，1873年2月27日，「1部2文引き上げ，上海での小売は1部10文とし，卸売は1部8文とする。各碼頭［埠頭］では，従来通り順次追加する」[18]ことを決定した。同紙は購読料の値上げが読者の反感をかわないよう，再三，釈明を行なった。

「本館が申報を挙行する意は，海外の見聞を収集掲載し，広く宇内［天下］に行なわしめることにあり，利益のためではないが，現在，やむを得ず，その価格をいささか上げざるを得ない。しかし，それは本館の初心とは大いに異なる。諸公がその苦衷をご覧下さり，本館が利のみをむさぼってあくことがないなどと言われないことを願う。」[18]

同紙は，創刊号において購読料と広告料について収費（代金）標準条例を定めていたが，新聞経営の経験がなかったため，創刊後1カ月で次々に価格と販売方法を調整しなければならなくなった。以下に，同紙が創刊後1年以内に行なった調整を整理してみる。

(1) 購 読 料
① 「本館申報は，上海では1部6文で卸売りし，1部8文で小売りしている。各通商埠頭での販売では，近くは，鎮江・漢口などで1部，配達料も含めて10文取り，遠い場合は，香港などでは配達料も含めて12文で，内地各埠頭では，1部，配達料も含めて12文で，もし誰か各埠頭で代理販売する者がいれば，本館は毎日発送し，配達料を8文取り，その他の4文のうち，2文は販売代理人の手数料として，2文は荷物を運ぶ人に補助する。」[17]
② 「本館は申報を代理販売するため，寧波・漢口・鎮江・天津などの通商口では1部10文とし，蘇州・杭州でも10文とし，湖州・嘉興・震沢・揚州・香港・広東では12文とし，北京ではまだ価格未定で，もし別の場所で代理する人がいれば，遠近を問わず，各鎮で郵送するかあるいは友人に依頼するかして，本館と相談して部数を20部あるいは30部とし，本館は毎日予定通りに郵送し，1部8文とし，同処では銭12文で売り，月末に清算し，もし売れ残りがあれば月末に返送し，一文も徴収しない。」[19]
③ 「本館申報は，昨年3月末より現在まで10カ月間業務を進めてきましたが，見聞が狭く，文筆はお粗末で，もとより満足なものを提供できずに，大雅の士のお笑草でしたが，各士商のご愛顧を賜わり，毎日3,000余部を下らず，発行部数は決して少なくはありません。しかし，本館の費用はおびただしく，収入によってまかない切れないため，ついに値上げせざるを得ず，2月初1日（西暦2月27日）より1部2文引き上げ，上海の小売は1部10文，卸売は1部8文とし，各埠頭では基準に従い，順次引き上げます。そもそも筆墨業というものは，もともと貿易とは異なるものであり，

いわんや本館が申報を発行する意図は，海外の見聞を収集掲載して広く宇内に伝えることにあり，決して利益のためではない。現在いささか値上げせざるを得ないのは，決して本館の初心にそぐうものではないが，この苦衷をお察し頂きたく，本館が利益のみを目的としているなどとおっしゃらないで頂ければ幸であります。」[18]

(2) 広 告 料

① 「1週間後は，1字につき1日目は半額とし，西洋人の告白［広告］は別に定める。」[20]

② 「告白は50字あるいは50字までのものは，1日目は250文とし，2日目は150文とし，字数がそれより多い場合は，10字ごとに50文追加する。西洋人は，別に定める。」[21]

③ 「告白は50字あるいは50字までのものは，1日目は250文とし，2日目は150文とし，字数がそれより多い場合は，10字ごとに50文追加し，1週間後は，1字につき1日目は半額とする。西洋人の告白は別に定める。」[22]

④ 「本館の告白は，1日目は1字につき5文，2日目から7日目までは1字につき3文とし，7日目以降は1日につき2文半とし，字数は50字を基準とし，それより多い場合は10字ごとに増加させ，掲載日以外は価格は一様であり，掲載日分のみ支払うこととする。以上，取り引きに関すること，たとえば会社の保険等のことや，1日目1字ごとに5厘とし，2日目以降は2厘半だけとすることは，中国・西洋とも同様で，違約はありません。」[23]

『申報』の初期の発行部数は多くはなく，その点は同紙の広告業務に大きな影響を与えた。「広告料を増収するには，広告量の増加を要し，広告料の増加を図るためには，発行部数の増加を要する。」[24] また，「新聞広告が新聞の誕生をその土壌とし，新聞の発展とともに育っていくことは論を俟たない」[25] のであり，新聞の発行部数と新聞広告の業務発展とは，正比例の関係にあった。

1.2 『申報』による広告活動

　清朝時代に，外国人が新聞広告という販売観念をもたらす以前には，中国の広告宣伝活動は口述（くちこみ），貼招紙，看板などを主としていた。中国は土地が広大で大多数の人民は農業を主としており，しかも都市・農村の間に分散していたので，口述広告宣伝は比較的効果のある方法であったと言えよう。その後は，郷鎮農村に各種小商店が開設されるに従い，貼招紙という広告宣伝方式が次第に流行していった。以下に，2例をあげてみよう。

① 「郷鎮の間に新たに商店を開いたり，あるいは医師が診療所を開設したりすると，縦6寸幅3尺ほどの紙を用い，『某号，何日開店。某某医師，某処に診療所開設』などと記し，人通りの多い道の塀に貼りつけ，通行人の注目を引いた。これを《貼招紙》といい，実に広告の起源なのである。」[26]

② 「昔は支那の田舎にある商店など，一部落の人々が全て一家族同然であるから広告の必要など無論感じては居らない。新しい売手と買手とを繋ぐ使命が広告であつても，それ程に部落民の決意を喚起するに及ばなかつたが，近頃は売る品が多くなつて来て，生活に非常な多くの種類を要求するやうに一般が変つて来てゐるので，辺鄙な片田舎でさへ，その村唯一の社交場であり，村人のクラブである茶館の壁にさへ商品の広告を貼るやうになつた。」[27]

　ついで，中国では，口述と貼招紙のほかに看板広告が最も普遍的となり，影響力も一番大きかった。当時，「支那人はこれまで教育が普及してなかつたし，支那人で自己の苗字の書き得るもの百人のうちで三人とか四人と云れた位で。外は明盲目であり，無教育者」[28]であったため，広範な，目に一丁字なき中国人に広告の意図を理解させるには，できるだけ実物看板を重視しなければならなかった。「最初は支那商店の全ては実物看板」[28]であったが，次々と増加してゆくにつれて，一部の商店は次第に文字看板を実物看板に取り換えていった。

以上に述べた中国における民間特有の口述，貼招紙，看板の3種の広告方式は，それぞれに特色，効果があったが，共通する欠点は広告宣伝の範囲が一定の場所に限られ，全国に広げることはできないということだった。そして，中国各都市の迅速な発展に伴って，各種の外来商品が大量に中国に輸入され，中国の伝統的な貼招紙，看板広告宣伝方式はもはや大部分の商店の要求を満足させることはできなかった。こうした時勢が，『申報』の広告業務の発展にかっこうの機会を提供したのであった。『申報』の創刊以前に外国人が香港で発行した『中外新報』および上海で発行された『上海新報』には，新聞広告が掲載された。それは，『申報』にとてもよい参考事例を供したが，この2紙の広告対象は主として外国人だった。広範な中国の読者を対象とする『申報』としては，中国商店の広告主をかちとることが最も重要であった。

　すでに述べたように，『申報』は創刊の当初，2日に1回刊行していたが，第5期から日報になり，日曜日を休刊日としたが，創刊号を例にとれば，『申報』は4頁立てで，各頁は上下2段となっており，内容は「本館告白」，「本館条例」，「馳馬角勝」（競馬の賭けに関する内容），「完人夫婦得善報」（社会面で，香港の新報からの転載），「京報」（同紙の「宮門抄」を掲載），および「商品告白，各商品市況，入港船，汽船の始発時間」[10)]などで，その中でも同紙が最も重視した広告の依頼者は13件で，「全泰盛信局，衡隆洋貨号，縵雲閣，周虎臣筆店，全盛信局，宏昌桟，源豊号，増泰洋貨，立師洋行，馬立師洋行，德隆洋行，生大馬車店，尚義堂書坊」[10)]だった。広告主はすべて中国人で，各商店が宣伝する商品は，「煙草，布地，書画扇子，表装字画，京筆，通信，郵便配達，旅商人の船荷積み代行，洋琴，外国食物，各種柄物布地，保険付き船荷運送，馬車販売，馬車賃貸，四書五経・史記などの書籍および商店住所の告知」[10)]などであった。

　第2号からは，広告欄には日本商店の広告が掲載された。

　「東洋店。今，日本国商人新たに崎陽字号を開くあり。上海大馬路河南路角口にて東洋［日本］の名窯磁器を扱う。すべて珍品で精巧。盆・碗・

茶杯・大小花瓶は精工，漆器・金花盤盆箱匣（箱物）すべて揃い，玩具雑物で揃わぬものはない。小売・卸売とも官・商の格別のご愛顧をお願いします。当社にお出で頂いて面談しても結構です。」[29]

イギリス商店の広告としては，次のものがある。

「啓者［拝啓］。大英公司の汽船，吉竜は，3月28日，香港，シンガポール，ルソン，ペナン，英，米，仏，西などに船を運行する。各埠頭では3月27日，6時まで通信を受信し，さらに8時から10時まで受信し，送られてきた通信は貴商店において封印し，箱の中あるいは袋に入れ，紛失しないようにし，本館の通信名簿に明記し，ただちに封印し，販売切手および受けとられる書留通信は受信日の6時までとし，販売される銀票の送金は，香港とイギリスの2カ所のみ，毎日10時から4時までとするが，受信日の6時までと日曜日は販売しないこととする。以上，申し上げます。末士瑪玎　啓」[29]

この2商店は，『申報』に最も早く出現した外国商店の広告である。『申報』にも第2号からは，同紙の代理販売人あるいは商店を募集する案内を出し，販売の拠点を拡大しようとし，新販売拠点の住所を掲載した。

① 「新報代理販売人募集
　　啓者。本館新報は，人を雇って代理販売を致したく，10余名を募集する。この商売をしたい方は，本館に来られて詳細を確められたい。16歳以上の童子であればよく，早い者順とするので遅れないようにされたい。以上，告白する。」[29]
② 「新報を代理販売する商店を求める
　　啓者。本館新報は，定価1部8文である。本館は小売ができないので，上洋各大街において本報を代理販売する店を求める。毎朝販売するので，

各店におかれてこの商店をしたいものがあれば，本館は卸売で6文余を取るのみで，2文は各店に帰し，毎日4時に本館で決算し，売れ残りは本館に返却し，代金は頂かない。以上，告白する。3月25日。」[29]

③ 「各処信局［飛脚問屋］

啓者。本館申報は，ここに各路遠方の発売所を発表する。地名〇鎮江大閘外天主街口運河辺〇南京評事街万寿宮隔壁〇揚州左衛街中〇九江西門外〇仙鎮菜市街〇漢口董家巷中市〇蘇州閶門外渡僧橋で，もしあなたが各路で購入されたければ，上記の数カ所に行き，全昌順信局を訪ねられればわかる。1部10文である。寧波水街口〇杭州珠宝巷嘉興塘街鎮〇門上問協興信局を尋ねられればよい。1部10文である。3月25日，本館告白。」[29]

『申報』の販売拠点と発行部数の増加に伴って，それまでの少数の中国商品とさまざまな輸入品以外に，新聞紙上には陸続と新しい広告が加わっていった。たとえば，「紛失手形」[30]，「尋ね人」[31]，「尋ね犬」[32]，「転居」[33]，「貸し家」[33]，「レンタル」[34]，「電報」[35]，「阿片をやめる薬」[17]，「外国製阿片をやめる白薬粉」[36]，「にせ印鑑」[37]，「洋行［外国人の，あるいは外国人相手の商社］開設」[37]，「到着したての各商品」[37]，「白砂糖大安売り」[38]，「演劇用衣裳大安売り」[39]，「未加工布大安売り」[39]，「代理印刷」[34]，「［病気で］医師を求める」[40]，「内外の儒医［学識ある医者］」[41]，「銀行」[42]，「保険公司」[43]などであり，さらに少なからぬ同業種の広告が同一紙面に現われている。

各種各様の広告の中で，比較的一般民衆に注目された広告は，中国の伝統的な民間の演劇の「各劇団演目」[32]であっただろう。なぜなら，当時，中国人にとっては伝統的な民間の演劇はつとに一般庶民生活の不可欠の一部となっていたからである。以下（表1）に，「各劇団演目告白」をあげてみよう。

1872年5月2日の『申報』にはじめて日本の崎陽字号商店の開店広告が出現して以来，日本商店は間断なく同紙を利用し広告を打っていった。以下に例をあげよう。

第 1 章　『申報』に見る近代中国広告文化の一考察　　15

① 「日本，大々的に博覧会開設」本年西暦 3 月 15 日，すなわち中国暦 2 月 20 日，日本の西京では，前例に従い，博覧会を開設した。およそ本国に産する珍奇なる産物・特産物，官であろうと商であろうと民であろうと，蔵するところ

表 1　各劇団演目告白

丹桂茶園（12 日）	金桂軒（13 日）	九楽戯園（13 日）
日中演目	夜演目	日中演目
虎囊弾	鴈門関	風雲会
洒金橋	蘆花河	戦北原
大売芸	山海関	三上吊
繋掌	玉蘭記	迴竜閣
打龍袍	丑配	一疋布
金水橋	飛坡島	黒沙洞
胭脂虎	売身	義虎報
拿謝虎	丁甲山	鬧花灯
通天門	青石嶺	
青石嶺		

『申報』1872 年 6 月 18 日から作成。

の物件をひとしくこの日に出品し，100 日開設することとした。西京地方では非通商埠頭に他国は勝手に入ることはできないが，開催期間中の 100 日間は，他国および西洋人が所蔵する珍品に限って博覧会に輸送してよい。見学者の視野を広げる物を持っている人は，開会 1 週間前に入国し，同会終了 1 週間後に出国することが許可される。出品する物がなく見学する者は，開会時に入国し，会終了時に出国しなければならない。宇宙の奇観を集め，一時の賞玩を極める。いわんや西京の山川人物は東洋［日本］一であり，景勝の地を探索しようとする士は，必ずや日本を遠いなどと思わずに来訪され，陳列物品を批評されるならば，当会の光栄とするところである。大日本国博覧会主人　謹啓。」[44]

② 「楽善堂薬房各種妙薬」本堂謹製の各種丸散膏丹薬水は，すべて祖先伝来の秘方であり，本場物の上等な薬材を選びぬき，世を救うことを旨とし，調合に注意を払い，病の根絶を期している。各方面の紳商（名士・商人）が代理販売し，販路を広めることを望ものである。小売はすべて同一定価とし，卸売は値引きをする。本堂は薬の原価・工賃を回収するのみで，代理販売者は格別の利潤を得る。もしあなたが代理販売を

されたいなら，卸売規定は別に説明書を用意しているので，本堂でご覧頂きたい。もし遠方であれば，飛脚問屋よりお問いあわせがあれば，本堂は即日，説明書をお送りする。定価・割引などについては，すべて説明書に記載してある。もしあなたのご意向に合うようであれば，速かにご相談頂きたい。ここに，各種薬名および価格を記す。」45)

③ 「千金保真丹，聖患戒煙丸，徐福玉壼丸，調経種玉丸，度済全宝丹，人参大補丸，経験截瘧丸，産後養栄丸，滋腎回春丸，神効消毒丸，托裏消毒飲，四仙追虫丸，万応玄真膏，神仙玉容膏。」45)

④ 「このほか，さらに光明眼薬精奇水，滋腎回春丸，補養丸，不老長春丹，頭痛即愈当神効，疥癩薬，暈船薬などの薬品多数があり，すべて記載しない。紳商のご愛顧が頂ければ，上海北市河南路老巡捕房向かいの日本支店楽善堂薬房をお見知り頂きたい。誤りなきをこい願うものです。東洋岸吟香　謹啓。」45)

1875年6月の広告紙面には，商家がはじめて中国人が賭けを好む性格を利用したものが現われ，「揺会得彩」（頼母子講で当選する）という広告が掲載された。以下に，その広告文を示す。

「揺会得彩。啓者。本行は今，指輪1個のうちに金象嵌でダイヤモンド7粒入りの価値銀425両のもの1個，中国純金のモダンなネックレス1本，価値200両のもの，本純金外国式ブレスレット1個，価値125両のもの，125両のものもう1個，ダイヤモンド指輪，価値75両のもの1個，価値50両のもの1個，価値計銀1,000両がある。これらは皆，実際価格で，100株に分ければ，1株10両である。あなたがこの株を購入することに同意されれば，小行にお出で頂き，株数が規定数に達した時，吉日を選んで新聞に掲載する。速かに諸君が小行にお出で下さり，サイコロ3個を碗の中に入れ，3回ふって頂きたい。点の一番多い者に7粒のダイヤモンド指輪が当たり，2番目の者に純金ネックレス1本が当たり，3番目の者に純

金ブレスレット1本が当たり，4番目の者に純金ブレスレット1本が当たり，5番目の者にダイヤモンドの指輪1個が当たる。ここにご通知申し上げる。住所は南京路老旗昌口。光緒元年5月　日立。波利行告白。」[46]

しかしながら，中国の各大都市では，商業の発達に伴って商品の項目が増加し，市場では至る処に偽物があふれた。「支那人は模倣することが巧みであるし，偽造品を作ることが上手だ。登録商標の侵害事件などザラにあることで，外国の商品市場であるだけ，偽物である模倣品の多いこと支那の如きは少い。」[47]

新聞紙上にはしばしば偽物を警告する広告が掲載され，一般大衆の注意を喚起した。以下に，その例を見てみよう。

① 「にせ薬は有害」　上海北門外吉祥街　如意衛生堂　謹啓。」[48]
② 「偽物についての声明」　本行はある者がシャンペンを売り，本行の商標を瓶にはっていることを知ったので，各官・商に通知するものである。詳細は，本行が販売するシャンペンはコルクのそばに"Praemium"という西洋文字が入っており，コルク栓の下には，さらに瓶の絵が印されており，その瓶の口には星が一つある，星と瓶印の周囲には"Charles Heidsieck"という西洋文字が記されている。本行の商標をいつわって販売している酒については，本行が犯人を究明し次第，その者を告訴する。あなたが本行をご愛顧下さっているならば，酒を飲みおわったあと，悪人に入手されて悪用されないよう瓶の商標を破って頂きたい。西暦1881年5月　順発洋行　啓。」[49]
③ 「偽物についての声明」　今，無恥の徒が紹城大江橋および揚州などで，本行の名義をいつわり，支店だとうそをついてルソン宝くじを販売している。実に驚くべきことであるが，本行は宝くじの販売をして以来，支店を設けたことはなく，お客様が欺かれることのないよう祈ります。購入される方は飛脚問屋を経て購入され，返送を確認され，誤りなきよう

願います。ここにご通知申し上げる。広豊洋行　啓。」[50]

　以上に紹介したように、『申報』紙上には各種各様の広告が現われたが、いずれも新聞記事同様で、1872年12月14日になってやっと最初の外国製ミシンの図案広告が掲載され、続いて各種の薬水、薬丸、香水および岡田洋行の東京スタイルのモダンな人力車などの広告も、この形式を用いた。1873年5月9日になって、最初のイギリスの製粉機の写真が掲載された。しかし、類似図案や写真によるこうした広告は19世紀中には珍しいものであり、大部分の広告は、やはり文字による説明が主であった。
　イギリス人商人メージャーは、『申報』が上は士大夫（官僚・知識人）から下は農工商賈（農民・職人・商人）に及ぶまで、皆が理解できる水準を実現したかったが、最も重要な点、すなわち当時の中国では広範に存在する文盲の問題が解決できていないという点を無視していた。それゆえ、発行部数を飛躍させることはできず、広告効果も予期したほどではなかった。そこで、経営上の収支バランスを達成するため、1906年3月には次のような値上げ広告が掲載された。

　　「本報値上げ広告。啓者〔拝啓〕。新聞は本来、社会の公益のために設けられたものだが、コストの関係で維持が困難となった。銅円がにわかに下落し、外国為替が日々上昇し、欠損が巨額となった。そのほか、紙・墨等の値段がすべて同時に上昇し、新聞の資本はますます重くなった。そこで暫時、値上げをしなければ、資金が回転しなくなった。そのため、協議の上、丙午年〔1906年〕正月の刊行日より一律に外国ドルに改め、毎日の販売価格を大洋1分4厘とする。ここにお報せ申し上げる。申報館　啓」[51]

　『申報』は1872年4月30日の創刊以来、しばしば値上げするによって同紙の営業を維持してきたが、最終的には苦しい経営状況を転換することはできず、

ついに1907年には上海の資産家、席裕福に売り渡すこととなった。これによって、同紙の経営権は完全に中国人の手に入った。1913年には、『申報』の経営権は史量才に帰した。史量才は、新聞の経営に独自の眼光と理想を有していた。彼は同紙を受けついだのち、ただちに経営方針と新聞内容の編成に改革と調整を行なった。たとえば、紙面は4-5枚（1-4枚までは1枚＝4版で、5枚目は＝2版）で、4枚であろうと5枚であろうとかかわりなく、1部の売価は大洋3分[52]であった。この時期の購読者は、欧米各国に拡大しており、購読料も遠近により異なった。

「中国国内は年間毎日配達で、大洋12元、半年6元。日本は年間12元、半年6元。欧米各国は、年間18元、半年9元。シベリア経由で送る場合は、年間21元6角、半年10元8角。代金先払いで、郵便切手は不可。」[53]

広告面の編集は、次のようであった。

「1枚目の第1版では4分の3を占め、第3版は2分の1、第4版は全頁を占める。2枚目の第5版は全頁、第8版も全頁である。3枚目の第9版は全頁、第10版は3分の2を占め、第12版は全頁である。4枚目の第13版は全頁、第14版は4分の1、第15, 16版は全面である。」[52]

広告料金も、改めて改革・修正が加えられた。

「最初は2行を最低単位とし、1日目は毎行1元2角、2日目から毎行7角5分、折り目部分の価格も同様である。その次は、3行を最低単位とし、1日目は毎行4角、2日目から7日目までは毎行2角4分、8日目からは毎行2角、短行50字を最低基準とし、それより多ければ、10字ずつ増加し、1日目は毎字5厘、2日目から7日目までは毎字3厘、8日目以後は毎字2厘半とした。」[53]

さらに，博学多才の陳冷を「主筆政」に招聘した。

「陳冷先生は時に短評をなすことがたくみであり，陳先生は筆鋒犀利にして，意味深永，一紙大評判となり，全国は争って誦した。」[54]

このほか，新聞が社会に対して負う道徳と責任などの問題への取り組みを強化した。そのため，同紙の業務は迅速に発展し，上海において発行量最大の新聞となった。1931年の上海市の郵政局では，当年，同紙の発行部数は15万部であり，1872年の3,000余部にくらべて50倍に増加していた。

2 『申報』による広告活動と社会の消費文化への影響

2.1 阿片吸飲癖矯正の広告

19世紀になる前から，中国では阿片貿易が盛んになっていた。1638年，明の崇禎時代にはすでに『出境貨買煙草禁条』[55]が公布されていたが，「この物（阿片），ひとたび中国に入るや，たちまち士女老幼の間に流行し，これを厳禁すれども，ついに止まず」[55]，1729年には清朝もはじめて『禁止吸販鴉片』[55]を公布した。19世紀には，清朝はイギリスと阿片戦争を行なったが，敗れ，1842年，中国史上最初の不平等条約，南京条約締結を余儀なくされ，それ以来，中国の門戸は開放され，阿片の害は野火が広野を焼くように全中国に広がっていった。

このため，中国各界の有識の士は，阿片の毒害問題を解決するため，あいついで提案を行なっていった。ある者は著書で，「洋煙（阿片）を服するは有害無利の論」[56]を述べ，ある者は，「天下の末害を救わんとする者は急術を用い，天下の本害を救わんとする者は緩術を用いる。洋煙の毒が中国を害するのは国の本症であり，国の末症ではないので，これを救う術の利は緩尅にありて，急攻にあらず，緩尅の術は官による専売にしくはない」[57]と述べ，またある者は，政府が厳格な手段で取り締まることが必要であるとして，次のように述べた。

「思うに，政府が種々の厳罰をもってこれを強迫すれば，首たる者は官場において民の手本となり，決してみずから違反することはないだろう。京においては内外の各官吏は，在職者にしても候補者（任官されるのを待っている者）にしてもかかわりなく，阿片を吸う者は職務を停止する。次に学界，学堂にあっては，学生の阿片を吸う者はもとより少ないが，教習・経理員には阿片常習者が極めて多い。これについては章程を明定し，これを犯す者は学務にあずかることを許さない。次にまた商界，商業中の人は，ばらばらでまとまりがなく，阿片を吸っているか否か，すこぶる調査しがたいが，今，京師に商部があり，各省に商会があって，各業中の登録する者は決して少なくなく，訪ねて吸煙の有無を調べるのに都合がよいので，処理の方法を定めることにする。このほかの農・工・雑色［役者など］・商人あるいは民籍を除かれた者に至っては，一罰百戒でこらしめ，あるいは阿片の値段をつり上げてこれを制限することとし，全体として人々に阿片吸飲は決してやってはならないことを知らしめ，煙害を除き，中国人民が貧弱から危亡に到ることのないようにしたいものである。」[58]

有識の士で，阿片禁止が強種（種は種族の意）強国の道であると考えない者はいなかったが，禁止の方法については議論百出で，親戚友人の力をかりて阿片を止めるよう説得するほか，禁煙薬を利用して治療することを大々的に推進する者もいた。薬物治療は，広範な文盲の煙民（阿片吸飲者）には実際的で，比較的容易に煙民に受け入れられた。そして，もともと各郷鎮城市に流行していた江湖の術士がつくった各種の民間禁煙薬が，次第に『申報』の広告面に充満するようになっていった。

たとえば，大法公司は自社製の第一聖薬は「新しい方法でつくった禁煙の甘露，聖薬は霊験あらたかなので，是非試して頂きたい。偽物が多いので住所を確かめて頂きたい」[59]と強調した。

大隆公司（会社）は，自社製の禁煙薬は「甘露の聖薬で，禁煙の効果は天下無双。苦海を離れんと欲せば，速かに試されたい。妙は薬味の甘芳なるにあり。

決して流弊はなく，身体を強壮にし，虫を殺して，阿片を吸う習慣を断つものである」[60]。

しかしながら，江湖の術士たちがつくった禁阿片薬の大半は，モルヒネ等の物質をまぜたものだったので，効果がないどころか，人体に有害であった。当時の阿片対策の困難は，「阿片の害を知れば禁ずることは難しくはないが，むずかしさは薬品にあり，薬品の毒を対症療法の薬品で押えなければならないという点にあった」[57]のだった。西洋と異なるのは，中国人は古来，自分で丹薬をつくることを好んだので，禁阿片薬の類だけでも，民間には数えきれないほどの種類の特効薬があふれていたが，科学的な知識の裏付けを欠いた薬物であったので，その薬の被害は増加する一方だった。そこで，有識の士は，この弊害に対して次のような意見を述べた。

「禁阿片を薬で代えることができないのは，もとよりである。きくところでは，以前，林文忠が製造した薬が最も安全で，服用後も害がないとのことであったが，その後，各処で販売された禁阿片薬は速効性を求め，往々にしてモルヒネや阿片の灰をまぜたので，その丸薬を服用した者は，はじめは大変効き目があるかのようだが，だんだんモルヒネ，阿片の灰の毒が出てきた。阿片をやめられないどころか，害が出て，それを除こうとするなら，林の薬を使うか，あるいは各店が販売するモルヒネ，阿片の灰の入っていないものを選ぶかしなければならない。安全な薬物は，モルヒネ等の品を含んでおらず，効果は遅いが，天下の事はゆっくり進めてこそ効果があり，急げば弊害があるのは，禁阿片薬だけではないが，禁阿片薬は特にそうである。」[58]

中国商人が販売した禁阿片薬物の多くにはモルヒネがまぜられており，英米などは1906年末から上海租界における不法な禁阿片薬物の販売を禁止し，発見された場合は，販売停止処分とした。そこで，外国製の禁阿片薬を販売している薬屋は大衆の信頼をかちえることとなり，広告文においても絶対にモルヒ

ネの類は入っていないということを特に強調した。たとえば，万国大薬房の「尅煙繊丸」広告は，「啓者。本薬房経理は，黄勝の百零五日尅煙繊丸を発売した。効能はあらたかで比べるものがない。速効性はないが，次第に効果があらわれ，効き目の遅い薬のみを配合していて，決してモルヒネは用いていない」[59)]としている。同紙面には，同薬屋の別の「黄医士一百零五日尅煙繊丸浅近説」[59)]の図案広告が掲載されている。その広告文から，当時の中国人の阿片吸飲の様子が窺えるので，引用してみよう。

「さて，私が太平洋より船に乗って呉淞に到り，上海に着くと，埠頭を見れば，高層建築がそびえ立ち，きらきら輝いていた。すばらしい通商場だ。ふと見ると一群の華人が見えたが，彼らはやせ細っていた。私はいぶかしく思った。中国は最も早く開化した国で，人民は炎黄（神話中の皇帝，炎帝・黄帝）の貴種で最も聡明俊秀だと人が言うのを本国ではよく耳にしていた。ところが，どうしてこんな人に似て人にあらざる様になっているのか，実に奇異だった。実にいぶかしかった。（中略）朝，起きて街をぶらぶらしていると，金文字の商標がかかげられ，店に並べられた品数は多くないが，たくさんの人が出入している大きな店が見えた。私は入ってみると，一群の華人が横になり，手に一本の竹管を持ち，盆の中にはガラスの容器の中に灯がともされており，輪のついた針に真っ黒いものが刺してあって，それを灯であぶり，管を通してそれを吸い，口や鼻から煙を出しているのだ。なんと，華人はこんな亡国滅種のものを吸っていたのだ。道理で，こんな人に似て人にあらざる様になってしまったのだ。ああ，本当に憐むべし。本当に悲惨だが，こんなにも愚かであれば，100年と立たぬうちに，本当に一掃されてしまうことだろう。」

清朝時代から煙館（阿片窟）は至る処に林立していた。清朝政府は，阿片中毒者の増加を防ぐため，1907年1月から各地の煙館を閉鎖していった。

> 「天津の煙館に限って，一律に閉鎖し，滬（上海）南もまた6カ月以内に大小の煙寮を閉鎖する。」[61]

煙館の閉鎖と禁煙活動の活発化によって，意外なことに各地には女性がはべる「禁煙室，談話処」等の禁阿片店が出現することになった。広州では「阿片は公然の秘密で，小巷[路地]ごとに何軒かの『高等禁煙室』があり」，「きくところでは河南では『談話処』というとのことである」[62]。こうした店は，禁阿片に名をかりた享楽の場所であった。

1912年に中華民国が成立すると，民風はようやく開け，博士の学位を持った医者が知識階級の信任を得て『申報』に広告を出し，「××博士。とりわけ阿片治療をよくする医学博士」として登場した。

> 「人のために阿片治療をするのは，医学に通じていなければできるものではない。およそ阿片吸飲者の体質，吸飲する阿片の種類はそれぞれ異なるので，治療の方法も異なる。随時診察し，その根本に対して投薬しなければ，効果をあげることはできない。本院の西洋医学博士徐生棠君はこの点に鑑み，専門禁阿片処を上海抛球場に特設し，蔡同徳はこれに新戒煙医院と命名した。この4年来，治癒した者は5,000余人にのぼる。治療では，吐いたり，痛みを感じたりすることはなく，出入は自由で，明朗会計であることは，各界の諸君がよく知るところである。本医院の規定では，1等が毎日3元。2等が2元。3等が1元。薬代・宿泊・食費こみである。通院の場合，1等1日1元半。2等1元2角。4週間で阿片を止めることができ，外部では丸薬，薬水は売らず，呼び込み等もしない。阿片吸飲者諸君が本院を通常の禁阿片法と同日に論じられないことを望む。詳しい規定はお手紙で請求されたい。」[63]

阿片禁止活動は，中国ではとだえたことはなく，各種の西洋式の治療薬と治療方法が中国に取り入れられてゆき，都市部の阿片吸飲者は減少していったが，

新しい治療方法は地方各地の阿片吸飲者にはほとんど何の影響も与えなかったようである。地方の阿片吸飲者は阿片を第二の生命と見なしていた。四川の阿片吸飲者を例にとると，「すべての苦力，阿片吸飲者は十中八，九，阿片を命のごとくに愛し，誰であれ阿片を禁止する者は彼らの命をいらないという者と見なされた」[64]。各地方の城鎮の阿片吸飲者は目に一丁字なき低下層の者で，一旦阿片中毒になると，各種の科学的方法で解決しようとしてもなかなか困難であった。阿片を止めようと思う者でも，江湖の術士がつくった薬で治療する程度で，効果がないばかりか，ますます深くはまってしまう結果となった。また，一部の地方では，阿片吸飲者は阿片を宗教信仰に用いた。四川省北部の例を見てみよう。

「阿片吸飲者は，菩薩を信仰するため，彼らの貴重な阿片を菩薩たちの物言わぬ口にたっぷり塗り，黒い阿片が赤い動物の血（犠牲のお供え物）にとって代った。こうした現象は，陝西・甘粛に近い広元県で最も多く見られる。地元の者の言うところでは『菩薩は阿片を吸わなければ霊験あらたかではなく，彼らの家を守ることができない』のである。」[64]

中国人の大半は，阿片についての認識が欠けていたため，長期間にわたって阿片は中国に危害を加えた。外国商品の中で中国社会に最も深く害を与えたのは，ほかでもなく阿片であった。阿片のために，中国は貧しさから脱却できず，近代化を遅らせ，「東亜の病夫」と言われていたのであった。

2.2　中国人による模造商品の広告

中国は阿片戦争によって門戸を開放して以来，各種の外国商品が洪水のように中国になだれこんできた。そのうち，阿片以外で中国の一般庶民生活に最も深く影響を与えたのは，日本商品であろう。19世紀には，日本の商品では人力車（中国では東洋車，黄包車と称する）が中国に輸入されたほか，今でも台湾の歴史教科書に記載されているものとして，精奇水，仁丹，宝丹，中将湯，寿

老丹および味の素があった。日本商品は，清朝時代からすでに中国人の心の一角を占めていたのだった。それは僥幸というわけではなく，日本商品には商品価値があり，品質保証があり，さらには日本商人がたくみに広告戦略を用いたためであった。

　日本商人は，『申報』創刊のはじめから同紙に商品広告を掲載した。20世紀初頭になると，日本商品の販売拠点は急速に各地方に拡がっていった。それゆえ，商品広告文の中には，販売内容，価格，所在地点のほか，代理販売者を募集する旨が記された。また，商品の説得力を強めるため，実験した人物，その過程なども記入された。たとえば，寿老丹薬品の広告訴求（アピール）は以下のようであった。

　　「携帯必需薬，寿老丹。この丹は，日本の名医，小児科医学博士瀬川昌耆先生が何度も実験し発明した神薬であり，さらに東京帝国大学医学博士下山順一郎先生の指導の下に製造されたものである。感冒，コレラ，吐気，下痢，マラリア，赤痢，白痢，消化不良による胃部・腹部膨満感等，老幼を悩ませる疝気，咳嗽，煩悶，歯痛，二日酔，気絶，打ち身，虫・蛇に咬まれた傷などの症状に百発百中。危険な状態になっても，これを飲めば奇功を奏す。世人は常備し，舟や車の旅行，宴会，在室にかかわらず，二度と苦しみを味わうことはない。名づけて寿老丹。まことにその名に恥じることはない。大包は価洋3角。小包は2角。もし各省の各埠頭において善行を好む君子が代理販売をお望みであるなら，速かにお手紙を頂きたい。住所をお報せ下されば，お送りする。格別，己をおさえるのも己を利するのもよし。辺鄙な地区にも利を与え，手近なところで購入すれば跋渉の労を免れ，ただちに急病を救うことになる。これは，真の無量の功徳である。この機会をお見逃しなきように。

　　　　　　　　　　　　　　上海東洋公司大薬房　上海英大馬路抛球場口

　以下に開設販売所を示す。

　　本埠：三馬路勒喊大薬房〇他埠：蘇州閶門外東洋堂〇南通州金沙郵政分

第 1 章　『申報』に見る近代中国広告文化の一考察　27

局袁佐清先生〇鎮口快安洋行〇安徽蕪湖興隆街田中洋行〇湖南長沙小西門外日豊洋行〇湖南湘潭十三総湖南会社内加藤商店〇福建福州城内大南街日東洋行〇四川重慶府瑞莘洋行」[65]

　20 世紀初頭，新聞媒体広告の多くは文字での記述が主であったが，大日本東京津村順天堂大薬房の中将湯広告は，半頁の図案広告を掲載した（図1）。その挿絵の中の女性が着ている服装は，1 人が日本の和服で，2 人は中国服であることを見ても，中国の消費者に気を配っていることが知れよう。

　日本の商品広告の中では，森下博大薬房の仁丹の広告戦略が特殊であり，成功を収めた。同薬房は中華民国元年［1912 年］3 月 5 日，『申報』に 1 頁の紙面を使った図案広告を掲載した（図2）。広告の中では，仁丹が医学博士三輪徳寛・井上善次郎が製造した霊方であり，日本陸海両軍医総監，木村笠原両医学

図1

出所：『申報』1906 年 3 月 8 日。

図2

出所：『申報』1912 年 3 月 5 日。

博士が保証していると訴求し，さらに中華民国の軍政界と好みを結ぶために仁丹を中華民国の軍人将領たちに贈呈したと述べている。その後に，中華民国の黎元洪副総統が書いた書，縦一尺五寸，横一尺九寸五分の感謝状「大日本森下博足下。わが軍に仁丹3万包をご贈呈下さり，わが軍人を代表して感謝申し上げる。黄帝紀元四千六百零九年十月吉日。中華民国軍政府都監黎　印」[66]をのせ，さらに縦一尺五寸，横四尺六寸の絹布の上に「効験如神」（効験，神のごとし）」（1912年3月5日）と書かれた書および中華民国軍政府軍務部関師孫武が書いた「是乃仁術」（これすなわち仁術）」[66]という書を掲載した。この広告は，仁丹が中国軍側に贈呈された経過について次のように書いている。

「武漢の天地，風雲一度動けば，黎将軍慨然として起ち，義軍を指揮す。この時にあたり，敝行［森下博大薬房］は従軍将士各位の急需に応ずるべく，漢口出張所駐在員高木源六に打電し，将軍に陣中でお目にかかり，将軍に軍中必携起死回生霊薬仁丹三万包を将軍の麾下に敬贈させた。

黎将軍は，敝行のこの挙を諒恕され，中華一般の士商の多年にわたるご愛顧にこたえる微衷に対し，これをお納め下り，仁丹の効験如神という四大字をしたためて下さったのであった。敝行の光栄，これにまさるものはない。

めでたくも中華維新の鴻業，今正に成る。あゝ慶賀せざるべけんや。

ここに胸臆を披瀝し，謹んで頌祝し，黎将軍の揮毫を縮小し，大方の諸君子の瀏覧に供する。しか云う。」[66]

この広告文からわかることは，中国人民が有名人の言論を重視する心理を仁丹が非常によく掌握していたことである。こうした広告戦略は，前例のない第一弾であり，その後は，こうした広告は中国商人が最も好む方式となった。

このほか，仁丹はさらに次のような中国伝統の方式による広告も利用し，各郷鎮の隅々にまでそれを推進していった。

「昭和に入ってからでも，汽車の車窓から見えるあちらこちらの中国人農家の土壁に〈仁丹〉と〈大学眼薬〉の広告が目についたものであるが，日本製品で中国奥地の一般民家にまで浸透した日本製品といえばこれらの製品へ第一に指を折らねばなるまい。」[67]

仁丹は，広く中国各階級の好むところとなり，知らぬ人はいないというほどになり，家庭必備の良薬となった。そのため，中国人が競って模倣する対象の1つとなった。

「食料品商として支那屈指の冠生園主人洗冠生の成功談のうちに，わが邦の調味料を模造し，次第に販路を蚕食して行つたことを平気で述べてゐる。調味料ばかりでなく，売薬でも仁丹が支那でよく売れるとなれば，人丹といふのが現れて来る。文字に記せば違ふが，田舎ものなど仁丹の名声を聴いて，薬舗へ「レヌタヌ」と称して求めにゆくと，どうせ偽物であるから利率は遙によいに定つてゐる人丹を，店としても売りつける。」[47]

当時の中国商人はこうした模倣に抵抗感がなく，罪の意識も欠けており，正々堂々と頻繁に新聞に広告をのせた。たとえば，人丹が『申報』にのせた広告は，次のようであった。

「竜虎会社の"人丹"は，大いに改良を加え，廉価で卸売する。国産品を愛用する者は，注意されたい。人丹の製造は，もとより利権を回収し，[国に利益の]漏れ目をふさがんとして起ったものであり，発売以来，5年になる。商品は，時には口に合わないこともあった。効能は確かであるが，飲みにくかったりすると，外国品にくらべられないと責められることがあった。アメリカ人の多くは，喜んで買ってはくれなかった。本会社の志は国産品を発展させることであり，巨万の費用を費して損失が出ても退くつもりはない。ここ数年来，医薬の名家を招聘し，国産をめざし一心に

研究を進め，次第に改良を重ね，ついに完全な効果を得るに至った。そこで本年の出品では，外国品よりよいとはあえて申さないが，試服した者は外国品に劣らないと賞賛した。これは，もとより本会社営業の前途にとっての栄誉である。また，同胞が［国の利益の］漏れ目を回収できるならば，幸いなことである。商品を購入する者が多いため，もとの機械では出荷が間に合わず，新しい機械を導入し，日々営業が拡大しているため，不行き届きがないわけではない。そこで，本会社は代金のやり取り，往来の一切の事務を中法薬房総経理に依頼することとした。ご愛顧下さる方は中法薬房にご連絡頂きたい。近く改良品を出す予定で，その特色は以下の通りである。行き届かない点があれば，ご指教頂きたい。

　　▲華産［中国製］人丹の七大特色▲

(一) 本年の発売した人丹は，以前の欠点を改善し，効果が速く，味もよく，価格も安く，見栄えもよいのが特色の一。

(一) 本国産出の材料を使用し，最新の良薬となっており，所有機械で毎日100斤出荷できるのが特色の二。

(一) 以前は出荷すると，湿った場合，商品にカビがはえることが多かったが，今回は化学的方法で大いに改良したので，この人丹は湿気を帯びても，カビがはえたり味が変わったりしないのが特色の三。

(一) 人丹の外観は，ピカピカ光り，中身は上質でかみごたえがあり，口に入れるとさわやかで，あと味は甘味があり，まろやかにとけて，以前のように口に入れるとネトネトするという弊害がないことが特色の四。

(一) 効用は主として，救急回生の効き目があり，少量なら常食してよく，伝染から保護する働きがあり，さらにさっぱりしてのどの渇きを止める効き目があることが特色の五。

(一) 包装した人丹の卸値は安く，本外埠頭のご同業および各大洋行でバラ売りご購入をご希望される場合，1斤の価格は外国品より格別に安いことが特色の六（卸売は別に規定を定める）。

（一）慈善家がプレゼントに用いる場合，卸値でお分けするのが特色の七。
▲　定価　　中包1角　　小包5分　　1瓶2角
総経理上海三馬路中法薬房人丹部　　謹白」[53]

　上述の偽物人丹のほかにも，新聞の広告面には仁丹と薬効成分が似ている中国国産薬品が少なからず出現した。1915年5-6月分の広告を例にとると，五洲薬房出品の「良丹」[53]，上海羅威薬房の「慶勝丹」[53]，飛鶴印の「紅丹」[68]，上海中英大薬房の「霊丹」[68]，大陸大薬房的「栄宝丹」[69]，光華堂老薬房の「華宝丹」[70]，普太和の「太和丹」[71]，上海中法薬房の「勝宝丹」[72]，上海中西大薬房の「真丹」[73]等があり，そのうち人丹と仁丹は中国語の発音がまったく同じである。良丹の中国語発音は仁丹とは違うが混同させる効果があり，不識字の広範な中国民衆にとっては真偽は見分けがつかなかった。
　当時は，商品の名に「丹」という文字が冠せられてさえいれば，消費者にとっては品質に保証があることの象徴に等しく，仁丹の成分・効果と何の関係もない別種の中国薬品であっても，"丹"の文字を冠したものが少なくなかった。たとえば，禁阿片用の「雪垢丹」[53]，強壮用の「広嗣金丹」[74]，肝臓・胃腸治療用の「将軍丹」[75]，喘息治療用の「急丹」[76]，婦人科の「降生丹」と「種子丹」[77]，痔の「仙丹」[73]などがある。
　一部の中国薬房は，同時に2種類の日本商品を模倣した。たとえば，上海中法大薬房は上述の「勝宝丹」のほかに，さらに日本の「中将湯」を模倣した。以下に，その広告を紹介しよう。

　「上海三馬路中法大薬房。中国新出品。婦人科の良薬『大将湯』『勝宝丹』。中法薬房は良薬を選別し，新たに妙薬を製造した。大将湯は，月経を調整し，効能はすばらしい。婦人科の百病にこの薬は最良で，戦争で敵にうちかつのにたとえられる。主将は強くなければならず，この大将があれば，敵は必ず降すことができる。効果は迅速であなたのご健康を保つ。さらに新薬あり。名を勝宝丹という。疫病をしりぞける大王であり，香り

よく，味よし。盛夏をのり切り，さらにこれを塗って毒を消し，腫れ物を治すことができる。家にあっては常備し，旅行には携帯する。それは至宝よりも大切なものだが，価格は高くない。この2種の薬は，外国製に匹敵する。みずから国産品を製造した。出張できるのは，毎月陰暦15日頃。愛国の同胞よ，病あらば，お試しあれ。どうせ薬を買うなら，わが祖邦(そほう)（自国）のものを買い，金銭を外洋に流出させることなかれ。」[70]

　中国人が模倣した商品は，時には純正品と同じ広告面に掲載されることがあり，真偽を判別しがたい状況がうまれ，中国商人の間でもお互に相手の商品を模倣する状況が生じた。たとえば，上述の五洲薬房は，自分たちの石鹸が模倣されたので『申報』紙上に「五洲固本皀。謹んで偽物とまちがわれぬように」[78]との広告を掲載した。中国人における模倣の風は，清朝時代に外国商品が中国に進入して以来，盛んとなっていた。『申報』の発行は，ちょうどこうした模倣の風を助長・蔓延させることとなった。同紙は，創刊以来，広告面には「謹んで偽物とまちがわれぬように，商標をはっきり見分けて頂きたい」といった広告が増えこそすれ，減りはしなかった。「模倣は支那人の特性である」[79]という指摘は，中国商人がたくみに偽物を製造してきた悠久の歴史を語っている。

　模倣の風が氾濫したため，各国からの抗議が絶えなかったばかりでなく，中国人自身の経済発展にも影響することになった。そのため，1915年5月30日，上海県知事は，偽物，他者の名義をかたるといった陋習(ろうしゅう)を排除するため，南北商会に公函を通知し，厳重に偽物を取り締まることとした。

　「敬啓者。滬海道道尹(いん)公署より拝受。江蘇巡按使公署第2883号命令。商品には商標を用いるものであるゆえ，信用を重んじ欺騙を防がなければならない。それゆえ，商標を保護することは，各国が皆これを極めて重視している。江蘇省の商人は，往々にして偽の商標を掲げて同類商品を販売したり，商標の音を似せたり，飾り模様を似せており，完全に偽物とは言え

ないものの，事実上はごまかそうとしたものがあり，厳しくこれを禁止し，信用を明らかにしなければならない。業を起したのち商人が用いる商品標記は，類似の商標・飾り模様を同種の商品に用いてはならない。もし故意に違反すれば，官による調査あるいは告発により，当該地方を管理する官により処罰される。」[80)]

このような法令は出されたものの，偽物づくりの風はすでに中国社会の暗流となっており，偽物が至る処に存在する事実を新聞広告の中から発見することは，難しいことではない。

19世紀末に至るまで，『申報』紙上の広告の中では，阿片治療薬の広告が一番多かったと言える。20世紀に入ると，日本の各種商品の図案広告が『申報』紙上にしばしば出現した。日本商品は中国の民衆に歓迎され，それゆえ，中国商人が広く模倣することとなったのであった。中国商人のこうした模倣行為は，多くの中国人が楽をしてもうけたいと思ったからであった。

「欧米各国の多くの驚くべき発明について，友人たちはいつもこのような感慨を述べている。ああ，西洋人はまったく聡明だ！これは，西洋人の聡明に感嘆して中国人の及ばざるをみずから恥じているということだ。しかし，中国人はどうして愚かなのか？中国人が愚かだと言うのは，自分こそが愚人なのだ。聡明な人の見解によれば，すべては『坐してその成（成果）を享く（享受する）』ということであるべきだ。（中略）たとえば，人［西洋］は電灯を発明し，われわれはそれを利用してマージャンをすることができる。人は蒸汽機［蒸汽船］を発明し，われわれはそれを利用して旅行をすることができる。人は飛行機を発明し，われわれはそれを利用して内戦を助長することができる。人は無線電（ラジオ）を発明し，われわれはそれを利用してソファに横になってのんびりとそれをきき，人はサルバルサンを発明しさえした。われわれはいっそう大胆に『才子』の『風流韻事』［風流な遊び］ができる。人は一心不乱に研究室で畢生の精力を窮

め，はなはだしきに至っては子々孫々に至るまで研究に励み，不断に実験し，実験が成功したら，われわれはゆったりと『坐してその成を享く』のであり，そう考えるのはなんとひきあうことではないか。われわれ中国人は愚かではなく，中国人こそが真に聡明なのだ。」[81]

3　社会環境の変遷と広告への影響

3.1　国産品愛用提唱と広告

　阿片戦争以後，「四方の卓越奮迅の民族（欧米各国と日本）は，隙につけこみ，わが主権を奪うこと，あたかも無人の境に入るかのごとくだった」[82]。中国と西洋の間には，政治的軍事的接触が生じたほか，「炎黄の子孫」は列強各国の経済的支配を受けるに至り，この事態に対処するため，「訳書，新聞発刊，学堂開設，演説会など種々の方法を尽して人心を刺激した。その大要は，国民に世界の大勢と優勝劣敗の危機を知らしめ，勇躍してこれに赴かせることにあった」[82]。しかしながら，当時の中国には，一，二の省会に実業学堂があるにすぎず，しかもいずれも有名無実であった。それにひきかえ，列強各国は実業教育を重視し，日に日に発展していった。イギリス，ドイツ，ロシア等での実業教育は，次のように紹介されていた。

　　「イギリスの人口は，わずかに370万余だが，商業練習所は1953カ所ある。ドイツの手工教育学校は604，付設中小学校は157。ロシアはジラフ1州で，小学校504校，その中で菜園・果樹園・養蜂場・蚕室等を備えるものは327である。」[83]

　そこで，先見の明のある者は，中国が列強各国と20世紀の舞台で角逐しようとするなら，必ず教育救国の重要性を認識しなければならないと考えた。

　　「20世紀は，経済競争の時代である。経済競争の時代に処するには，中

国を救おうと欲しないのならそれで終りだが，中国を救わんと欲するなら，実業を講じないわけにはゆかないのであり，実業教育をやらなければならない。」[83]

各界の人々は皆，教育救国を支持する態度をとったが，結局のところ，それは多くの場合，スローガンに止まった。

20世紀になると，「各埠の商業は一落千丈の勢いで，外国製品の輸入は日を追って増え，金銭の海外流出もそれにつれて増加していった」[83]。しかも，「アメリカで華工禁止事件」[82]が発生したため，アメリカ商品ボイコット運動が提唱されるに至った。これに対しては，アメリカ商品を販売している大部分の中国代理商が反対したが，各界の国産品提唱の反応が熱烈であったので，一部中国人商人は大衆の国産品愛用熱に迎合し，広告文の中に国産品愛用の訴求をとり入れていった。たとえば，鋭利公司：「国貨（国産品）の特色」[84]；普太和：「国産宝良薬」[53]，「国産大和丹」[85]；中法薬房：「中国出品にご注意！人丹」[86]，「国貨愛用者はご注意頂きたい！人丹」[68]，「完全国貨！人丹」[87]；広生行：「国貨に熱心な諸君注意！中国双妹商標化粧水」[88]，「国貨提唱の好機会！名を馳せた化粧水，バラ発毛油，各種歯みがき粉，各種上香水，顔をしっとりさせるバニシングクリーム，口がすっきりする歯みがき液，文明発毛ワックス」[88]；「精製国貨胃腸良薬！胃宝」[89]，五洲大薬房：「精良国貨，同胞注意！良丹」[90]；大陸大薬房：「純良国貨！中国栄宝丹」[91]；亨大西薬公司：「中国人が用いるべき中国製品！飛鶴商標紅丹」[92]；福和煙公司：「国貨の維持にご注意を！華商自製丹鳳商標および各種シガータバコ」[73]；珍光公司：「中国新工芸に注意！精製眼鏡ネックレス」[93]等がある。こうした外国商品ボイコットに名をかりた国産品愛用の提唱には，中国人には列強の経済侵略に抵抗する最良の手段と見なした。

一方，中華民国成立後，国内の混乱は収まらず，日本は対華21カ条要求を突きつけた。「民国4年5月9日，所謂21箇条の日支条約締結せらるゝや，学生の憤激はこゝに高まり，彼等は率先して「日貨（日本商品）排斥」の最初の

運動を起したのである」[94]。その数年後の 1919 年には，パリ講和会議における密約に反発し，五・四運動が起こった。

　「民国 8 年［1919 年］の 5 月 2 日に最初の烽火を掲げた。これは山東（青島）問題を繞つての巴里に於ける国際会議の情勢が支那にとつて甚だ面白からぬと伝へらるゝや，5 月 2，3 日の両日，北京大学に於て学生大会が初めて開催され，5 月 4 日には北京国民大会や，デモンストレイション（遊衢会とも遊行ともいふ）が行なはれ，その日の黄昏に民衆・学生は曹汝霖邸を焼打し，章宗祥を傷つけた。即ち，この事件を五・四事件又は五・四運動と呼ぶに至つた。更に 5 月 7 日には天壇に於て「日貨焼棄会」が催され，全市の日貨は尽く灰燼に帰した。その間学生は同盟休校を断行して終日巷街に立つて民衆に呼びかけ，排日を鼓吹した。この事件によつて新しく発生し表面化したものは一般市民の運動，学生との提携といふことである。」[94]

　ついで，1925 年 5 月 30 日，「上海に於いて勃発した所謂『五・三〇事件』は事件の一端を労働問題に発し，之れに上海学生が参加協働して，事件を一層拡大せしめたのであった。而してこの事件は更に全国的な対外運動としての発展を見た」[95]。
　日本は，1928 年 4 月には山東に出兵し，「五・三済南惨案」を引き起こした。続いて 1932 年には上海で「一・二八事変」を引き起こし，日中関係は重大な局面に立ち至った。
　以上に見たように，中国では 1915 年 5 月 9 日から「日貨排斥運動」が開始され，1919 年 5 月 7 日には「日本商品焼却会」が行なわれ，「日本商品ボイコット」，「国産品愛用」，「外国商品ボイコット」，「救国」などの運動が推進されていった。こうした対立が発生する前には，日本の商品が中国各地の市場に満ちあふれており，中国土着の工業は発展を阻害されていた。そこで，工商界および社会各界の人々は早くから日本商品ボイコットの計画を立てていたのであ

り，衝突事件が発生すると，一挙に「国貨推行会，国貨調査団討論会，提倡国貨消息，中華国貨維持会」[96]などの活動が中国各地で行なわれるようになっていった。その討論内容は，「国貨維持会討論会紀事」の例をあげると，次の通りである。

　「国貨維持会討論会紀事」「国貨維持会調査部は先日（20日），第六回討論会を開いた。まず調査部長王漢強が報告し，本日の開会理由は調査員がそれぞれ責任を負って頂き，国貨を日々発展させたいと述べ，皆，賛成した。次いで，舒蕙禎が発言し，招商局が用いている石炭はすべて国貨ではなく，［国の利益の］漏れ目が甚大なので，何とか回収してほしいと述べた。王漢強は，本国江西萍郷開平等の処では石炭産出が行なわれており，それを購入するのがよいと述べた。彭筱峰は，軍学両界には現在のところ石炭は多くなく，実に不足しているので，回収の方法は多く炭鉱を開くほかはない，云々と述べた。会長王在安は商務書館が新たに中国の封筒を出したのは大いに役に立つと述べた。彭筱峰はさらに，軍学両界は兵服・校服を一律に本工場の愛国綾織り棉布に改め，本会は留意し，綾織り棉布専門工場を調査することによって［国貨］提唱に資したいと提案した。李佩蔭は，某国人が布廠［織布工場］を開設して華廠［中国人工場］の商標をかたったという調査結果があるので各華布廠に布告し注意をお願いすると報告した。」[97]

『申報』でも，中国国産品を賛美する言論が出現しはじめる。

　「わが国は地大物博（土地が広く産物が豊富），わずかに絹糸・絹織物をあげただけでも，世界一である。その他には言及しないが，着る衣服は絹が一番で，外国品よりも美しく，また優雅である。」[98]

また，商標に外国語を使用することを批判する者も登場した。

「近日，商人は，商品を発展させることに次第に能力をそなえ，すこぶる振興の現象があるが，商品における文字はなお注意が欠けている。近来，外国商品が充満し，国産品はこれに比較して見劣りする。これまで，商人は，新たに商品を製造するさい，多くは社会心理に迎合し，ベストセラーをねらい，競って西洋文字の商標を用いたり，あるいは西洋文字で説明したりしてきた。それはやむをえざるの苦衷に属するとはいえ，その結果，表面上は国産品を提唱しても，実際上は国産品を軽視する心理を養成し，他人の代わりに良好なる広告をしていることになるのである。いわんや近時の国産品は，日々進歩を見ており，さらに西洋文字をかりて招きよせる必要はない。この商業競争にさいして，国人（中国人）にして西洋文字を識る者は多くない。商品に異国文字を見て，それが国産なのか否かを決めることができないのでは，いったい進歩を求めているのか退歩を求めているのか。商人は，いやしくも国家を忘れてはならない。速かにみずから改革し，全国の商界（商業界）を集合して，一時期を限り，一律に通りかえるべきである。輸出する商品は，説明に外国文字を用いてはならない。（西洋各国では，西洋文字でなければならないが，日本では完全に華文を用いるべきである。）また国文（中国語）を用いるを主とし，西文［西洋文字］を副とし，国文での説明が少くとも2分の1以上を占めなければならない。国体を尊重することは，実に商人の義務である。」[99]

「中華商店は，今日，開幕した。哈同路中華書局消費合作社，開店した中華商店は，準備以来，積極的に進行し，今やすでに準備は整い，今日（日曜日），正式に開幕した。国貨の提唱から，特に廉価を2週間挙行し，その営業項目は，国産の布地，化粧品，日用用具，学校用品，紅緑名茶，アメ・菓子・ビスケット，缶詰食物などであり，あわせて各種商品の代理販売を行なう。定価は低廉で，サービス満点。旧商店の不良なる習慣は一切排除することが，とりわけその特色である」[100]

「国貨は，2つのショーウィンドーに華麗に陳列する。華美煙草公司の藍買司干などのタバコ，家庭工業社の無敵印商品は，国貨の中でもかねて

から有名であるが，この度の華美の国貨ショーウィンドーは，家庭工業社が参加する都合上，同時に南京路東西段両公司門市部（小売部）で合作陳列する。家庭は，華美が手がけたショーウィンドーはとても華麗と見ており，華美は，家庭が手がけたショーウィンドーはとても荘厳だと見ており，各界の注目を受け，参観する者はひきもきらない。両公司は国貨愛用者の興趣を増加するため，さらにお互いにプレゼントを交換することとした。」[101]

中国の企業家たちは，1932年を中国国貨年と定め，各種商品の新聞広告でも「国貨を提唱し，利権を回収する」[102]などのスローガンを訴求（アピール）としている。しかしながら，この時期の『申報』広告面には，国産と外国製の

表2　1925年7-9月および1935年1月の煙草公司および煙草名

煙草会社名	煙草品目別
中国南洋兄弟煙草公司	〈愛国印煙草〉[104]，〈大連珠印煙草〉[105]，〈大長城煙草，七星印煙草，金字煙草，大愛国煙草，紅金竜煙草，銀行印煙草，大鑽石煙草，双喜印煙草，宝塔印煙草〉[106]，〈小長城煙草〉[107]，〈大喜煙草〉[108]，〈金竜印煙草〉[109]
中国工商煙草公司	〈工商印煙草〉[110]
中国利興煙草公司	〈大乾坤煙草〉[111]
中国三興煙草公司	〈中山印煙草〉[112]
中華煙草公司	〈中華万歳煙草〉[113]
中南煙草公司	〈中南印，金牛印煙草〉[114]
華成煙草公司	〈金鼠煙草〉[115]
中国徳隆煙草公司	〈旗美印煙草〉[116]
中国華美煙草有限公司	〈光華印煙草，藍賈司干煙草，紅藍印煙草，人参印煙草〉[117]
英商克来文煙草有限公司	〈克来文煙草〉[115]
中国瑞倫煙草公司	（イギリス製）〈公司印煙草〉[118]
亨達司煙草公司	（フランス製）〈愛字印煙草〉[113]
アメリカ煙草公司	（アメリカ製）〈老牌品海煙草〉[119]
大美煙草公司	（アメリカ製）〈吉士煙草〉[120]
永泰和煙草公司	（アメリカ製）〈紅錫包煙草〉[78]
花旗煙草公司	（アメリカ製）〈花旗印煙草，美女印煙草，華盛頓煙草，紅獅印煙草，三八印煙草〉[121]

図3

[図3:中華美煙草公司「中国歴史上標準偉人選挙 暁掲」広告]

出所:『申報』1935年1月31日。

各種煙草公司の図案広告が満載されており、広告の回数および版面では、その他の商品は及ばないだけではなく、タバコの種類は、雨後の筍のように出現した。彼らは大部分、「老舗の国貨。国貨の提唱は救国の唯一の方策。国貨煙草」[103]などの広告文でもって、社会各界が推進している国貨運動に迎合した。そのうち、最もよく登場した煙草公司の広告およびそのタバコ名は、表2の通りである。

しかしながら、煙草公司の広告の中では、中国三興煙草有限公司の「中山印。国貨の提唱は、救国の唯一の方案である」[118]という広告は、最も特殊なもので、この広告の中で描かれているのは孫文であり、そのタバコの商標も孫文の字(あざな)から命名したものである。もう一つの中国華美煙草公司の「中国の歴史上における標準偉人発表」(図3)の広告も特別で、「タバコの味は舶来品にまさり、わが中華を輝かせ、品質は何よりも高い。これは中国タバコの栄光である」[122]と強調したほか、さらに同公司が独自に考えたいわゆる標準偉人選挙人（蔡元培、潘公展、呉鉄城の夫人、張寿鏞、陳光甫、史量才、兪佐廷、杜月笙、呉薀初、王伯元、胡樸安、厳独鶴）、票の点検人（趙伝鼎、奚玉書、経義孟）、中国史上30人の標準偉人名簿（公孫氏［黄帝］、姒文命［夏禹］、朱元璋［明太祖］、孫文、姫旦［周公］、孔丘［孔子］、孟軻［孟子］、諸葛亮、文天祥、王守仁、史可法、管仲、

王安石，林則徐，班超，岳飛，戚継光，鄭成功，石達開，屈原，司馬遷，顧炎武，詹天佑，卜式，宋教仁，蔡鍔，孟母［孟軻の母］，花木蘭，岳母［岳飛の母］，秋瑾）および挿絵をすべて広告文の中に公表した。以上2例の商品広告から，中国社会の偉人に対する崇拝が知られる。

　各種の事変惨案発生ののち，有識の士は対日経済絶交，国産品提唱を提言し，それにこたえる者も多数であった。とりわけ上海は最も盛んであり，少なからぬ商人が国貨公司の設立に投資し，外国商品を輸入させない決意を示した。しかし，その実態は「国貨製工場の創設への投資は，タバコ会社以外にはきいたことがない」[123]という状況で，当時，一般人と密接な関係のある日常用品については，中国自身には製造する工場がなく，それに加えて大多数の中国商人は自己の利益のために，外国商品を国産品に偽装して販売することを辞さなかった。そういうわけで，中国で積極的に推進された国産品運動は，タバコが成功しただけで，その他の商品は羊頭狗肉で消費者を騙したようなものであった。中国国貨（国産品）運動は，事実上失敗したのであった。

　1930年に入ると，中国の百貨公司（百貨店）の広告も『申報』紙上に頻繁に出現するようになる。百貨公司の広告がタバコの広告と異なるのは，大部分，文字に頼る百貨公司が主だということである。たとえば，中国国貨公司の広告は，次のようである。

　　「開幕大廉価大プレゼント。日用品はあなたには意外な安さ。特製モクセイ砂糖たっぷり正月月餅12斤を1元で特売。中国南方特産食品部：中国南方特産食品は一律に投げ売り。玩具部：非常に安い。糖菓部は，アメ・菓子・ビスケット廉売。飾物部：ベークライト・モルディングパウダー各種用品は一つ買えば二つ進呈。新春娯楽品。盆栽は1個2元より。梅・椿盆栽レンタルは3割引き。2元以上お買い上げに山草1鉢プレゼント。風船にお面のプレゼント。本日のお買い求め領収証1元以上につき風船1個あるいは遊戯お面2個プレゼント。」[124]

図案広告は，少なかった。それは商品の種類が多数にのぼること，および訴求対象となる消費者の階級が比較的高かったことによるものであろう。

1935年，上海の有識の士は，「わが国の学校は一つ一つが外国商品の販売機関であり，わが国の教員，学生は一人一人が外国商品のセールスマンである」[125]と述べた上で，国貨界（国産品販売者）と教育界を連合して上海市学生国貨年推進連合会を結成し，国産品提唱の効果を高めるため，同年を「学生国貨年」[126]とすることを提案した。この提案に基づいて結成された同会は4月18日，全市学生宣誓式典を挙行し，『申報』はこの学生国貨年のために『上海市学生国貨年専号』[127]を設け，潘公展が「上海市学生国貨年特刊発刊詞（はんこうてん）」を書いた。

「現在，わが全民族が受けている経済恐慌の襲撃は，巨大な痛みがあるものの，一般人で『国貨』について深い認識を持っている者はほとんどいない。今年，上海市各界の領袖が，そこで『学生国貨年』を定めて国産品提唱の使命を学生に与えたのは，一般の最も親愛なる，教育を受け知識のある学生が，自分の国産品に対する深い認識を一般人に伝え，一般人が深い認識を持てるようにすることを希望したからである。」[127]

同会は積極的に諸課題を実行し，各地区国産用品展覧会，ラジオ放送宣伝，学生からの文章募集，パンフレットの編集を行なったほか「学生国貨宣伝週」[128]を挙行し，また，「学生国貨年」を順調に推進するため，上海市長呉鉄城が名誉総隊長，杜月笙（とげっしょう）が名誉総参謀，潘公展が総隊長，各校校長，各国産品工場長および各商店経営者等が隊長[128]となるよう依頼した。このほか，同会はさらに多くの学生会員を吸収するため，各国産品の工場・商店と協力し，「およそ同会会員証を持って国産品を購入する者には，特別優待する」[128]こととした。同会が取り組んだ「学生国貨年」は，「国貨年」や「婦女国貨年」[125]などのような失敗に陥らないことをめざしていた。

3.2 国産品愛用提唱と欧米商品

1937年の盧溝橋事件が発生する以前には,『申報』における中国商品広告は,すでに述べたように「国貨」(国産品)を強調する訴求(アピール)を主としていたほか,百貨店は販売商品の大部分が欧米各国のものであったので,「国貨」を広告の訴求(アピール)としにくい面もあった。

① 大新百貨公司の広告(図4)。「上海最新百貨商店。南京路にそびえ立ち,飾りつけは斬新で,堂々としている。品揃えは完璧。価格はかけ値なし。中国広しといえども,この一軒しかない。時代化―自動階段[エレベーター]を設置し,お客様にとって面白く便利。本会社の開幕には,この自動階段は毎時上下動で4,000人をお乗せし,世界最高記録を打破する。経済化―地下売場を設置し,日用品を集め,ご自由に選んで頂ける。価格低廉。新春の佳節にお出かけ下さい。大歓迎致します。」[129]

② 恵羅百貨公司の広告。

図4

出所:『申報』1937年1月1日。

「東方唯一の百貨公司のイギリス商による。欧米有名工場の高等商品を専売。冬季大減価：本日より合計200余万元の在庫を1割から5割引（各部商品および冬季毛織物はすべて投げ売り。あるもの限りの好機会）。各種流行衣料，ナイロン，絹製品およびオーバーコートなどは期間内一律特別割引。婦人物冬季オーバーコート半額。」[130]

百貨店は，国産品と国家の政策に対する支持を表明するため，多くは広告の中に別に文字説明を加える方式を用いた。たとえば，大新百貨公司は成立一周年の広告文をまず次のように書いた。

「南京路に大建築そそり立つ。装飾は斬新で，目を見張るものがある。特価の品は大量。きっとお気に召すでしょう。時代化の電動階段［エスカレーター］があり，お客様はひきもきらない。経済化の地下売場があり，品質がよいことは皆にほめそやされている。お客様が2元お買いになれば，当日の領収証によって寿老人の寿桃［老人の誕生祝の品］の中からとった番号によって賞品をとって頂きます。買えば買うほどチャンスも多く，面白い。1等は1人で，2等以下はだんだんに数が増え，次々に賞品が用意されていて，決してハズレがない。賞品には金の腕時計・かけ時計・衣料・銀製ヘアピン・手下げ袋・花瓶および食物用品があります。」[131]

さらに，次のような訴求（アピール）もあった。

「敝公司（本社）開業のはじめには，蔣［介石］院長の唱導する新生活運動の規定に基づき，信と恥の真意は商売の対策であり，まずは誠信あい信ずの宗旨をもって定価販売を推進し，また国難まさに深刻なれども敵の食料をくだくなかれの義に鑑み，かたくなに共同して一年努力して以来，社会人士の賛助と激励に深く感謝し，その主張を継続して保持し，営業もまた日増しに発展した。これは，もとより同人の喜びとするところである。

国産品提唱については，敝公司は微力を尽くし各工場と協力合作しており，最近の本公司の販売統計によれば，国産品の数量は 70％以上を占めている。これは，まことに国産品の前途が良好であることの証である。ここに一周年の期にさいし，お客様のご厚情に深く感激し，大量の賞品を廉価にて販売し，同時にくじ引き賞品を用意し，楽しんで頂こうというものである。お客様のご来店を歓迎する。」[131]

　中国では，各種の事変が発生すると中国社会各界の日本商品に対する排斥はますます激烈となっていった。『申報』における日本商品の広告は，それにつれて次第に中国商品の広告によって取って代わられていった。しかし，欧米各国の商品広告は，従来通り掲載された。たとえば，アメリカ・コダック社の広告[132]，ジョニー・ウォーカーの広告[133]，フランス謀得利洋行の軍楽隊楽器広告[134]等は，いずれも影響を受けることがなかった。明らかに，中国人は日本以外の商品に対してはなんら排斥するつもりはなかったのであった。
　また，たてまえ上は，中国は一律に外国商品の使用を禁止したものの，自国にはそれに代わる商品がなかったので，一部の人々は生活上不便をきたすという事態が生じていた。

　　「報道によれば，鉛筆と万年筆は輸入品が多かったが，一部の地方では禁止され，毛筆に改めた。われわれは飛行機・大砲がすべて国産品ではないかなどと屁理屈を言うつもりはない。紙・筆に限って言いたい。われわれは特大の字を書くとか，国画（中国画）を描く名人とかのことを言っているのでもない。真実，事務処理をする者について言っているだけだ。（中略）わが中国同様，これまで毛筆を使ってきたのは，日本だ。しかしながら，日本では毛筆はほとんどなくなってしまい，代用しているのは鉛筆と万年筆であり，そのための習字帖もたくさんある。なぜか？それは，便利で時間が省けるからだ。しかし，彼らは「［国の利益の］『漏れ目』を心配しているだろうか？いや，彼らは自分で製造し，さらに中国に運んで

きている。優良にして国貨でないとき，中国は禁止し，日本は模造している。これは，両国の截然と異なるところである。」[135]

3.3 盧溝橋事変発生後の中国社会と広告

1937年7月7日，盧溝橋事件が発生し，続いて8月13日，淞滬戦争（上海事変）が発生すると，「『申報』は国家民族の立場に立って，抗戦を主張したが，3カ月後には，淞滬から師（中国軍隊）は移動し，上海は陥落した」[136]。中国軍はその後，12月13日，南京を放棄した。こうした環境の下で，『申報』は12月15日，停刊を決定したが，華南の人々と海外華人の便宜を考慮し，1938年1月15日に漢口で復刊した。続いて，広東・広西・福建・雲南・貴州5省および香港，マカオ等の読者のために，同年3月1日，香港で香港版『申報』を発行した。しかしながら，上海の中国人が最も苦しんでいる事情については毎日のニュースにこと欠いた」[136]ので，『申報』は上海の読者が戦時下でも中国軍の戦況の情報を掌握できるように，1938年10月10日，上海で復刊した。1941年12月8日，太平洋戦争が始まると，政治情況の発展に伴って，『申報』は日本軍コントロール下の出版物とならざるをえなかった。

盧溝橋事件後，少なからぬ人々が『申報』に投稿し，非常時期の国貨運動（国産品愛用運動）についての見方を述べた。

「現在，中日の戦幕はすでに開かれ，非常時期がすでに来臨した。われわれの責任はますます重大となった。国産品に関しては，われわれは国産品を採用しなければならないだけでなく，われわれはさらに国産品を節約し，国産品を愛惜しなければならない。この非常の時期におけるわれわれの第一歩の仕事は，最短の時期のうちにわれわれの国貨運動を完成させることである。われわれは，各地商店の物品をまず検査し，外国品と国産品に明らかな説明をし，あるいは標識をつけ，わが敵国の仇貨（日本製品を指す）については，完全に没収して，公有とし，有用的な物品は皆に配給する。燃やしてしまうのも，もったいない。なぜなら，それらの物品は，

われわれはすでに代金を払っており，燃やしてしまえば，やはりわが国の損失となるので，私は後方の民衆に分けて使うことを主張するものである。しかし，もし没収して勝手に仇貨を購入する者がいれば，漢奸として処罰し，銃殺すべきである。（中略）非常時期にあっては，国産品製造工場の生産は，極力拡充すべきであり，できるだけたくさん製造された物品は，国人の使用に供しなければならない。不必要な化粧品等については，生産を停止し，これら不必要な物品を製造する力量でもって必要な物品を製造するのである。（中略）われわれは現在，どうあろうと，必ず迅速にわれわれの国貨運動を完成させなければならない。国産品商人たちが速かに生産を増加し，国人（中国人）の需要に供給することを希望する。『国家の興亡は，匹夫に責あり』。この非常時期にあって，われわれ後方の民衆は，国貨運動の責任を果たせなければ，われわれは国家に対し申し訳がないばかりでなく，前方で作戦している将士に申し訳がない。われわれは，まったく自分の祖宗（祖先）に申し訳なく，自己に申し訳ないのである。」[137]

盧溝橋事件発生後，『申報』の各種商品広告にも時局に対応したものが現われている。いくつか例をあげよう。

① 煙草の広告：「時局はいよいよ緊張し，新聞はますます目を通さなければならない。しかし，新聞を開いてみると，目に入るものはすべて深刻で，風雲急を告げるニュースばかりであり，たちまちかんしゃくが起こり，腹わたが煮えくりかえる。こんなくさくさするときに，美麗印あるいは金鼠印の1本を吸えば，ほっと一息つくことができる。」[138]
② 上海新亜薬廠の広告：「経済抗戦，国産胃腸病根治剤・宝青春！」[138]
③ 中華煤球［タドン］公司の広告：「厳しい関頭，非常時期における非常準備！燃料の準備は，今がその時だ。時局は，ますます厳しい！科学的タドンの販路はいよいよ大きい！」[139]
④ 新新公司の広告：「海上の空気がひんやりした大商場。本日より非常

大安売りを2週間行なう。非常時期にあなたは準備がありますか？本公司がすべての商品を元手無視で大犠牲をはらうのは，非常時期に各界が準備する非常な機会だ。これは，お客様が非常環境に対応する経済的な方法だ。」140)

このほか，中国劇作家協会会員集体創作（集団（チーム）による創作）により蓬萊(ほうらい)大戯(ぎ)院で放映された『盧溝橋を守れ』137)という映画，申報館発行の『淞滬血戦回憶録』141)，上海慈善団体連合救災会救済戦区難民委員会による難民救援応急物品募集142)のラジオ放送広告，救国公債143)などがしばしば広告面に掲載された。

『申報』は1937年12月15日，停刊し，1938年1月15日に漢口で復刊し，同年3月1日，香港で香港版『申報』が出たが，その商品広告量は以前には及ばず，大部分は映画や告知関係の広告だった。たとえば，「われらの土地を守れ」144)，「国軍勝利戦績」145)，「抗戦漫画第五集」146)，「台児荘の暴敵を殲(せん)滅(めつ)」147)，「熱血忠魂」148)，「中国標準国貨鉛筆廠，漢口移転営業啓事」149)，「中央日報，武漢辦事処成立啓事」150)，「国立中山大学開学授業広告」151)，「商務印書館　新書特価」152)，「瑞興百貨公司大安売」151)などである。

1941年12月8日，太平洋戦争が勃発すると，上海『申報』は日本軍の監督の下にあり，広告面からはすでに完全に国産品愛用といった類の広告文は見られなくなり，それに代わって各季節ごとに「大幅値引き」153)，「大安売」154)，「大プレゼント」155)，「大廉価」156)，「大特売」157)，「驚きの大安売」158)，「在庫一掃大安売」159)，「換金目的大安売」160)，「廉価，人を驚かす」161)などが現われた。これらの広告の訴求内容は，戦局が激しく変化し，社会環境が変わってゆく中で，各公司行号の中国における市場競争力が失われてゆき，一般大衆の購買力も戦争による不景気のために低下し，商人たちは損失を最小に減らすため，終戦に近づけば近づくほど「換金目的大幅値引き」に類似した広告が多くなってゆくことを示した。こうした現象は，終戦まで続いたのだった。

おわりに

　中国では，阿片戦争後，門戸が開放され，西洋の近代物質文明が大量に流入し，中国の政治・経済・社会・文化等に大きな変化を引き起こし，市場には中西並列，新旧雑処の現象が現われた。西洋文明の中の西方近代新聞メディア事業の伝来が中国社会に与えた影響は，相当大きなものだったが，中国知識人の新思考と世界観を啓発したばかりではなく，一般庶民の見識も広め，さらに中国伝統的な貼招紙，看板などの広告を変化させた。

　19世紀，欧米および日本の中国における経済活動が熾烈化する中で，新聞メディア広告の重要性は明らかになり，外国商人のほかに，中国商人にとっても次第に新聞広告は販売の利器と見なされるようになっていった。当時，広告という販売促進方式は西洋人によって開発され，東方に伝えられ，1872年にまず日本人によってAdvertisingが「広告」と訳され，1887年にはこれが継続的に使用されるようになった。中国人の「広告」という言葉の認識は，『申報』のことであり，「滬上（上海）に申報が有りて以後，広告の名が有り，はじめ告白と名付けられた」[162]。20世紀に入ったのち，『申報』は広告部門を創設した。この時期には，報館（新聞社）以外に，民間に少なからぬ広告公司，広告社が出現した。

　中国人は今に至るもなお，「中国数千年の歴史」と語ることを好み，しばしば外国人に対して中国の過去の輝かしい歴史文化をひけらかす。しかしながら，20世紀のはじめには，中国は列強各国と対抗することはできなかった。その原因の一つは教育問題であると考えられた。1916年，欧米各国の不識字率を中国と比べると，「中国は85％，欧州は30％，ロシアは62％，ベルギーは10％，フランスは2％，イギリスは1.2％，デンマークは0.2％，スイスは0.1％，スウェーデンは0.1％，ドイツは0.01％」[93]であり，明らかに中国の文盲率は欧米各国に比べてかなり高かった。これは，清朝が児童義務教育をしなかったということと関係がある。

「われわれのこの国家は，現在，『文化落後』とあざけられている。80％以上の人民が文盲なのだ。去年（1932年），教育部が発表した1929年の統計は，全国の4144万1000名の学齢児童の中，わずかに711万8000名が初期小学（小学校）に入ったにすぎず，失学者（小学校に入学できなかった者）は82％以上である。」[163]

　中国人の知識が普遍的に欠乏していたことにより，列強各国が中国に販売した商品は，良し悪しの区別なく何でも受け入れたので，阿片を販売する外国商人にはチャンスがあった。『申報』に阿片治療薬の広告が充満したことから当時の中国にどれだけたくさんの阿片中毒者がいたのかが推しはかられようし，「東亜病夫」（東アジアの病人）という呼称が冠せられたのはゆえなしとしなかった。
　清末以来，西洋の啓蒙を受けた中国の一部の知識人たちは，中華民国成立後には新文化運動を推進し，伝統を放棄して新思潮を迎えるよう働きかけ，五・四運動では「愛国」のスローガンが掲げられた。中国人はさらに，外国に対抗し，「国貨運動」を提唱し，実業振興を推進した。中国人がみずから製造した国貨（国産品）のうち最も目立ったのは煙草（タバコ）であった。しかし，それは国民政府が1934年2月から推進した新生活運動が掲げた禁煙課題と矛盾が生じた。

「上海市華商紙巻きタバコ業公会は本月（1936年6月）26日は，各煙草公司に次の書函を送った。敬啓者。財政部税務署税字第3608号の公文を拝受した。近来，浙・豫・鄂・皖・贛・閩・川各地方団体あるいは党政機関は，しばしば名義を借り，人民が紙巻きタバコを吸うことを禁止したとのことである。貴公会によればしばしば本署（財政部税務署）が財政部から各省政府に返信し，制止・糾正をそれぞれ命令したとのことである。（中略）いかなる団体も，もし新生活運動の名義によって人民が紙巻きタバコを吸うことを禁止するならば，ただちに正されなければならな

い。」164)

　中国では社会の各界は熱烈に国産品愛用を提唱し，新聞とラジオ放送の宣伝を受けて，少なからぬ国貨公司（会社）が設立された。中国商人は外国商品を模倣し，国産品を製造していった。大多数の消費者は，「国貨公司に行ったことのある人なら，誰でも当然，少なからぬ国産品の模造の成果を見ている」124) という状況を理解していた。そして，本当に国産品のみを販売していた会社は，結局のところ倒産していったのであった。

　「廃暦（すでに廃止された陰暦）端午，不幸な報せが，あいついでやって来た。国貨界でかなり努力していた上海国貨公司は，ついに倒産した。これは，人をして扼腕させざるをえない，残念なことだ。外国品が販売され，侵略・内政が急迫しているとき，わが国貨界の戦線が，また動揺したら，終りではないか？」124)

　これからわかるように，中国社会各界が一心に推進した各種の国貨年などは，結局スローガンに止まった。これが失敗した原因は，一つには，中国国産品それ自体の品質が劣悪であって，中国人の購買意欲が下がったということのほかに，中国民衆の国家民族に対する気持が物質享受よりも重要ではなかったということにあった。

注

1) 「中新社ホームページ」2004年3月8日。
2) 「中国広告協会ホームページ」2004年5月10日。
3) 米田祐太郎『支那広告宣伝文の技術』教材社，1941年，1-2頁。
4) 李竜牧『中国新聞事業史稿』上海人民出版社，1985年1月，6，9頁。
5) 『申報』（1987年復刻版）上海書店，1872年5月6日。
6) 前掲『中国新聞事業史稿』15頁。

7) 中下正治『新聞にみる日中関係史—中国の日本人経営紙—』研文出版，1996年10月25日，175-176頁。
8) 『新聞にみる日中関係史—中国の日本人経営紙—』176頁。
9) 前掲『中国新聞事業史稿』16頁。
10) 前掲『申報』1872年4月30日。
11) 『申報 漢口版』(1987年復刻版)，上海書店，1938年3月1日。
12) 『新聞にみる日中関係史—中国の日本人経営紙—』177頁。
13) 前掲『中国新聞事業史稿』17頁。
14) 前掲『申報』1872年9月9日。
15) 前掲『申報』1873年5月28日。
16) 前掲『申報』1872年12月4日。
17) 前掲『申報』1872年6月6日。
18) 前掲『申報』1873年2月24日。
19) 前掲『申報』1872年6月22日。
20) 前掲『申報』1872年7月1日。1873年2月24日。
21) 前掲『申報』1872年6月6日；7月1日。1873年1月1日。
22) 前掲『申報』1873年2月15日。
23) 前掲『申報』1873年3月7日。
24) 『広告年鑑 第一巻』万年社，大正14年，6頁。
25) 日本新聞連盟『日本新聞百年史』1961年11月，593頁。
26) 前掲『申報』1925年9月28日。
27) 前掲『支那広告宣伝文の技術』3頁。
28) 前掲『支那広告宣伝文の技術』4頁。
29) 前掲『申報』1872年5月2日。
30) 前掲『申報』1872年5月10日。
31) 前掲『申報』1872年5月13日。
32) 前掲『申報』1872年6月18日。
33) 前掲『申報』1872年5月11日。
34) 前掲『申報』1872年7月5日。
35) 前掲『申報』1872年5月30日。
36) 前掲『申報』1872年7月13日。
37) 前掲『申報』1872年6月11日。
38) 前掲『申報』1872年6月12日。
39) 前掲『申報』1872年6月13日。
40) 前掲『申報』1872年6月20日。
41) 前掲『申報』1872年7月6日。

42) 前掲『申報』1872 年 5 月 20 日。
43) 前掲『申報』1872 年 5 月 21 日。
44) 前掲『申報』1876 年 1 月 1 日。
45) 前掲『申報』1881 年 7 月 8 日。
46) 前掲『申報』1875 年 6 月 6 日。
47) 前掲『支那広告宣伝文の技術』7 頁。
48) 前掲『申報』1876 年 1 月 19 日。
49) 前掲『申報』1881 年 7 月 1 日。
50) 前掲『申報』1881 年 12 月 31 日。
51) 前掲『申報』1906 年 3 月 7, 8, 10 日。
52) 前掲『申報』1915 年 5 月 1 日。1916 年 1 月 1 日；5 月 2 日。
53) 前掲『申報』1915 年 5 月 1 日。
54) 前掲『申報』1938 年 3 月 1 日。
55) 前掲『申報』1933 年 10 月 17 日。
56) 前掲『申報』1872 年 9 月 22 日。
57) 前掲『申報』1906 年 3 月 9 日。
58) 前掲『申報』1906 年 3 月 23 日。
59) 前掲『申報』1906 年 2 月 26 日。
60) 前掲『申報』1906 年 8 月 10 日。
61) 前掲『申報』1906 年 12 月 19 日。
62) 前掲『申報』1934 年 1 月 29 日。
63) 前掲『申報』1915 年 5 月 24 日。
64) 前掲『申報』1934 年 5 月 29 日。
65) 前掲『申報』1906 年 3 月 7 日。
66) 前掲『申報』1912 年 3 月 5 日。
67) 前掲『支那広告宣伝文の技術』63 頁。
68) 前掲『申報』1915 年 5 月 2 日。
69) 前掲『申報』1915 年 5 月 21 日。
70) 前掲『申報』1915 年 6 月 16 日。
71) 前掲『申報』1915 年 6 月 23 日。
72) 前掲『申報』1915 年 6 月 24 日。
73) 前掲『申報』1915 年 6 月 30 日。
74) 前掲『申報』1915 年 5 月 11 日。
75) 前掲『申報』1915 年 5 月 27 日。
76) 前掲『申報』1915 年 6 月 18 日。
77) 前掲『申報』1915 年 6 月 21 日。

78) 前掲『申報』1925 年 9 月 1 日。
79) 前掲『支那広告宣伝文の技術』14 頁。
80) 前掲『申報』1915 年 5 月 31 日。
81) 『申報　自由談』(1987 年復刻版), 上海書店, 1932 年 12 月 14 日。
82) 前掲『申報』1906 年 1 月 1 日。
83) 前掲『申報』1906 年 11 月 7 日。
84) 前掲『申報』1915 年 5 月 1 日。1916 年 1 月 12 日。
85) 前掲『申報』1915 年 6 月 21, 30 日。
86) 前掲『申報』1915 年 5 月 2 日；6 月 20 日。
87) 前掲『申報』1916 年 2 月 19-20 日。
88) 前掲『申報』1915 年 5 月 3 日。
89) 前掲『申報』1915 年 5 月 13 日。
90) 前掲『申報』1915 年 5 月 21, 24 日。
91) 前掲『申報』1915 年 6 月 19-20, 25 日。
92) 前掲『申報』1915 年 6 月 28 日。
93) 前掲『申報』1916 年 1 月 12 日。
94) 別所小五郎「中国学生運動の本質観（上）」『満洲評論』第 11 巻, 第 20 号, 昭和 11 年 11 月 14 日, 24 頁。
95) 前掲「中国学生運動の本質観（上）」『満洲評論』27 頁。
96) 前掲『申報』1925 年 9 月 4, 7 日。
97) 前掲『申報』1915 年 5 月 23 日。
98) 前掲『申報』1925 年 9 月 20 日。
99) 前掲『申報』1925 年 9 月 11 日。
100) 前掲『申報』1925 年 9 月 30 日。
101) 前掲『申報』1935 年 6 月 7 日。
102) 前掲『申報』1933 年 5 月 15 日。
103) 前掲『申報』1925 年 9 月 1, 4, 26 日。
104) 前掲『申報』1925 年 7 月 7 日。
105) 前掲『申報』1925 年 7 月 11, 23, 30-31 日；9 月 1, 3, 5, 8, 15 日。
106) 前掲『申報』1925 年 7 月 23 日。
107) 前掲『申報』1925 年 7 月 18-19, 23 日。
108) 前掲『申報』1925 年 9 月 29 日。
109) 前掲『申報』1925 年 7 月 3, 14, 23 日；9 月 26, 30 日；1935 年 1 月 17 日。
110) 前掲『申報』1925 年 7 月 8 日。
111) 前掲『申報』1925 年 9 月 3, 11, 29 日。
112) 前掲『申報』1925 年 9 月 1, 6 日。

113) 前掲『申報』1925 年 7 月 4 日。
114) 前掲『申報』1925 年 9 月 16-17, 20 日。
115) 前掲『申報』1925 年 7 月 16 日。
116) 前掲『申報』1935 年 1 月 24 日。
117) 前掲『申報』1935 年 1 月 1, 31 日。
118) 前掲『申報』1925 年 9 月 4 日。
119) 前掲『申報』1925 年 7 月 8, 10, 26 日。
120) 前掲『申報』1925 年 7 月 12 日。
121) 前掲『申報』1925 年 7 月 29 日。
122) 前掲『申報』1935 年 1 月 31 日。
123) 前掲『申報』1925 年 9 月 19 日。
124) 前掲『申報』1935 年 2 月 1 日。
125) 前掲『申報』1935 年 2 月 21 日。
126) 前掲『申報』1935 年 1 月 1 日。
127) 前掲『申報』1935 年 4 月 18 日。
128) 前掲『申報』1935 年 6 月 3 日。
129) 前掲『申報』1937 年 1 月 1 日。
130) 前掲『申報』1937 年 1 月 5 日。
131) 前掲『申報』1937 年 1 月 10 日。
132) 前掲『申報』1935 年 1 月 29 日。
133) 前掲『申報』1935 年 1 月 22 日。
134) 前掲『申報』1935 年 1 月 20 日。
135) 前掲『申報』1933 年 10 月 1 日。
136) 『申報　香港版』(1987 年復刻版) 上海書店, 1938 年 3 月 1 日。
137) 前掲『申報』1937 年 8 月 4 日。
138) 前掲『申報』1937 年 8 月 5 日。
139) 前掲『申報』1937 年 8 月 7 日。
140) 前掲『申報』1937 年 8 月 8 日。
141) 前掲『申報』1937 年 10 月 26 日。
142) 前掲『申報』1937 年 9 月 23 日；10 月 30 日。
143) 前掲『申報』1937 年 10 月 21 日。
144) 前掲『申報　漢口版』1938 年 4 月 6, 8, 10 日。
145) 前掲『申報　漢口版』1938 年 4 月 14 日。
146) 前掲『申報　漢口版』1938 年 4 月 12 日。
147) 前掲『申報　漢口版』1938 年 5 月 6, 8, 9, 14 日。
148) 前掲『申報　漢口版』1938 年 6 月 2 日。

149) 前掲『申報　漢口版』1938 年 1 月 30 日。
150) 前掲『申報　漢口版』1938 年 6 月 29-30 日。
151) 前掲『申報　香港版』1938 年 8 月 31 日。
152) 前掲『申報　漢口版』1938 年 4 月 18 日。
153) 前掲『申報』1942 年 1 月 5 日。
154) 前掲『申報』1942 年 1 月 11 日。
155) 前掲『申報』1943 年 6 月 12 日。
156) 前掲『申報』1944 年 7 月 1 日。
157) 前掲『申報』1944 年 9 月 26 日。
158) 前掲『申報』1945 年 2 月 4 日。
159) 前掲『申報』1945 年 2 月 21 日。
160) 前掲『申報』1945 年 3 月 2 日。
161) 前掲『申報』1945 年 3 月 13 日。
162) 前掲『申報』1925 年 9 月 28 日。
163) 前掲『申報』1933 年 7 月 22 日。
164) 前掲『申報』1935 年 6 月 30 日。

第 2 章

改革開放後の中国における
広告と中国「侮辱」事件

はじめに

　1949年の中華人民共和国成立以後，中国大陸の商業広告活動はほぼ全面的に禁止されたが，1978年12月の中国共産党第11期3中全会で，中国共産党中央は「調整，改革，整頓，向上」[1)]等の8字からなる経済建設方針を提起し，党の工作（活動方針）重点を政治から経済建設に移し，対外開放を実行し，対内的には経済を活性化させることにより，広告産業はタブーを破って復活した。
　しかし，1949年以来，広告産業は30年立ち遅れた。中国にも，改革開放以前に2つの広告会社があった。1つは上海広告公司（会社）（文化大革命の期間は上海市美術公司と改名していた）で，同社は1962年に設立された戦後中国で最初の広告会社だった。しかし，その広告業務内容は，「ただ若干の赤色の宣伝画をかけただけだった」[2)]。もう1社は，北京美術公司で，文革の期間の唯一の仕事は「天安門城楼の毛沢東の画像を交換すること」[2)]だった。この程度の経験レベルでは，中国経済の急速な発展の歩みにはとてもついてゆけなかった。
　改革開放以前に商業広告活動に従事することは中国人にとっては夢想だにできないことだった。改革開放以後，広告会社は雨後の筍のように出現したとはいえ，規模の点では合資の広告会社および外資系広告会社に遠く及ばなかった。中国が養成した広告専門の人材は，広告の専門知識と経験が欠乏していたため，多くの人々は自身の広告専門レベルを引き上げるため，合資あるいは外資の会社に入社することを希望し，これらの合資あるいは外資の会社も言語と文化の障碍の関係で積極的に中国人を採用し，彼らを一流の広告専門の人材に育成したので，あっという間に広告産業は中国人学生の最も人気のある就職先の1つとなった。
　中華人民共和国成立以後，何事も国家を中心とし，言論の自由は剥奪され，思想も統制され，政府に異を唱える人々は逮捕された。改革開放後の1989年6月4日には天安門事件が発生した。このような政治的環境の下で，広告において言論の自由はどの程度保障されるだろうか？黄升民は1999年版『中国広

告猛進史』の前書きで，「20年前，北京の街に広告の看板が出現したとき，とりわけその内容が外国の広告であったとき，多くの方面から，場合によっては上層部から非難・詰問がされた」[3]と言っている。

一方，中国政府は改革開放以後の経済発展に対応し，民間の広告活動を開放することに同意し，各地の教学単位（機関）も続々と広告学科を設立して広告業の人材を養成し，広告業界の活動はもはや停止することはなかった。たとえば，2002年，中国記者協会は北京で「メディアは不良広告を拒絶する」[4]座談会を開催し，「中国広告業生態環境状態調査」[4]を行ない，2004年，「第39回世界広告大会」[5]が北京で開催されるなど，広告関係の動きは極めて活発化している。

しかしながら，広告産業がこのように発展する一方で，なぜ中国では消費者によっていわゆる「問題広告」が度々とりあげられるのだろうか。その中には日本・アメリカおよび中国本土企業の広告が含まれており，日本企業の広告は中国人によってインターネットで激しい批判にさらされ，甚だしきに至っては一部の中国人はインターネットで日本商品不買や反日を呼びかけている。

本章で注目するのは，中国の広告産業の発展過程と環境，およびなぜ中国政府は一方では積極的に広告産業の発展を支持し，熱烈に外資の中国進出を歓迎しているのに，他方では中国人の商業広告コピーに対する激しい批判と攻撃を許容しているのか，インターネットにおける言論についての中国政府の開放の尺度は何なのか，中国当局および人民はなぜ広告表現の自由を尊重しないのか，などの問題である。

以下に，改革開放後の中国における広告の発展過程とその環境を観察し，しかるのち，中国の消費者によって「問題広告」と批判された日米2国企業の3事例を検討する。

1　改革開放後の中国における広告の発展過程と環境

中国共産党11期3中全会以後，広告産業は重視され，中国国家財政部は『人民日報』等8新聞単位（新聞社）が広告の事業単位となることを批准し，

「事業単位，企業管理」[6]を施行し，一定の経営活動に従事することを認め，中国のメディアによる商業活動が始められた。1979年4月，国家財政部は「新聞社が企業基金を試行することに関する規則」を公布し，新聞社が財務上，企業化管理を実行することを許可した[7]。1979年，中国中央宣伝部は，「新聞雑誌，ラジオ放送，テレビ局の印刷物掲載および外国向け放送の広告に関する通知」[8]を発表し，各地が積極的に広告業務を展開するよう求めた。これは，中国のメディアによる商業活動が実際に開始され，次第に市場経済に向かって発展してゆく指標となった。

1979年1月14日上海『文匯報(わい)』は「広告の名分を正すために」[9]という文章を発表し，「広告は内外貿易を促進し，経営管理を改善する学問として対処する必要があり，われわれは広告を運用して人々に知識と便利を提供し，大衆と生産販売部門との間の関係の橋渡しをし，密接につなげるべきであり，広告が存在する合法性を弁護すべきなのだ」[9]と指摘している。この一文は，上海市の関係「指導部」に重視され，上海市が同年，広告代理業務を開放し，続いて北京市委員会宣伝部が首都の広告業務を再開することに同意することとなった。首都の広告業務の中には，メディアが広告を掲載すること，戸外広告の回復に同意することなどが含まれ，その後，中国の広告産業はあいついで全国各地の大中都市で展開されていった。

1.1　1979-1987年に設立された広告会社と広告教育

1979年，中国の広告産業は各界の積極的支持の下に推進され，次のような広告会社が設立されていった。北京広告公司，広東省広告公司，北京市広告公司（これは上述の北京美術公司が改称したもので，1980年にはさらに北京市広告芸術公司と改称された），唐山美術公司（これは全国的に広告が回復・発展したのちに設立された最初の集団広告企業），広州市広告公司，天津市広告公司，上海市広告装潢（装飾）公司（上海市美術公司が改称したもの。2002年，日本の第三集団，旭通DKが正式に資本参加し，買い取ったのちの新会社は，さらに上海広告装潢(そうこう)公司と改名した）および南京市広告公司[10]などである。

上述の北京広告公司は，中国の改革開放以後，北京に設立された最初の専門的広告会社で，同社が設立されたのち，1979年に日本の株式会社電通，大広と広告代理協議書を締結し，1979年末-1980年にかけて株式会社電通およびアメリカ揚羅必凱（ヤング・アンド・ルビカム）広告会社（アメリカ最大級の広告会社）と共同で広告講座を設置した。これは，中国の広告会社ではじめてマーケティングという概念に接触した会社で，戦後，中国人が広告学と市場経営販売学を理解する系口となった[11]。この連合広告講座は，日米広告産業が中国広告市場に正式参入する前に行なった一種の広告活動と見られる。

　1979年，電通は，北京広告公司と広告代理協議書を締結したほか，上海市広告装潢公司と業務合作協定を締結した。日本の広告業界は，電通のほか，博報堂も同年，中国に広告部門を設置し，日本企業が中国のメディアを利用して広告宣伝を行なう可能性を検討しはじめ[12]，1996年には上海広告公司と共同して上海博報堂広告有限公司を設立した[13]。

　中国の新聞広告の回復状況に応じて，1979年1月4日『天津日報』は天津牙膏廠（歯磨き粉工場）広告のトップ抜き広告を掲載し，中国の改革開放後，いち早く復活した最初の商業広告となった[14]。1月18日上海の『解放日報』は，その第2版と第3版の下段に2本の広告を掲載した[7]。同紙が2本の広告を掲載した行為は，その他の各紙が広告を扱う重要な指標となった。3月15日『文匯報』は，文革後の中国新聞業界ではじめての外国企業，スイスのレーダー腕時計の広告を掲載した[7]。3月20日，北京の『工人日報』は，日本の東芝の広告を掲載した。3月27日，セイコー腕時計の全面広告も『工人日報』に出現した[14]。5月14日，中共中央宣伝部は新聞・雑誌が広告を回復することを明確に肯定し，それ以来，新聞が広告を扱うことは政策的支持の下で合法化された。1983年，上海の『文匯報』は第4版に商品広告の特別欄を設けさえした[15]。

　一方，1979年1月末の春節の期間に，上海市テレビ局は上海広告公司が製作した上海市薬品公司の「参桂養容酒」[2]の広告を放送した。これは，戦後，中国のテレビに出現した最初の商業広告だった。『大公報』の記者は，「広告の

出現は，あたかもフルートの演奏のように，中国経済という巨大な汽船の運航の開始を示した」[2]と書きしるした。この2つの商業広告も外国人投資家から，中国の改革開放の第一歩と見なされた。3月15日，レーダー腕時計社も，上海広告公司の代理を通して上海市テレビ局で腕時計広告を放送したので，中国のテレビで広告を放送した最初の外国製品となった[16]。同じく1979年，中国中央テレビ局は広告科（課）を設置し[17]，広告放送を開始し，広告プログラムの問題の研究に着手した。広東テレビ局も広告部を設置し，上海ラジオ放送局は外国企業の広告をはじめて放送した[18]。翌1980年，中央人民ラジオ放送局は広告部を設置し，はじめての商業広告を放送した[19]。中国各地のテレビ局とラジオ放送局があいついで広告部門を設置し，広告業務の活動を復活させたことは，中国の広告産業の急速な発展を推進する上で，極めて重要な役割を果たしたのであった。

中国の広告活動は，新聞の広告掲載，テレビ・ラジオの広告放送および各種法規の制定のほか，各地では広告学会・協会と広告会社が設置され，各種の広告活動が行なわれた。

次に，1979-1987年の間に設立された会社，大学に設置された広告学科などをあげてみる。

1979年，広告産業の発展計画に対応し，中国共産党北京市委員会は戸外広告の復活に同意し，同委員会宣伝部も首都広告業務の復活に同意した。上海美術公司は上海市広告装潢公司と改称し，広告業務を復活させた。同年，各地に設立された広告会社には，「北京広告公司」[20]，「広東省広告公司」[21]，「広州市広告公司」[22]，「天津市広告公司」[22]および「李奥・貝納（レオ・バーネット中国）広告公司」[12]などがある。また，先に述べたように，同年，日本の電通と大広は北京広告公司と広告代理協議書を締結し，日本の博報堂も中国市場に進出して，広告の中国部門を設置し，日本企業が中国メディアを利用して広告宣伝を行なう可能性を検討しはじめた。

1981年に設立された広告会社としては，4月，新華通信社直属の，中国ではじめての集団的（グループ）広告会社「中国広告連合総公司」[23]が設立された。

続いて 8 月 21 日,「中国対外貿易広告協会」(1986 年 8 月 6 日,「中国対外経済貿易広告協会」と改称)[23]が設立された。12 月 10 日,中国で最も早く設立された省級(レベル)地方広告協会である「遼寧省広告協会」が生まれ,同年,日本広告協会がはじめて中国を訪問した。

1982 年 2 月 23 日,「中国広告学会」[24]が設立され,8 月 7 日,山西省太原で第 1 回広告学術討論会が開催された(1985 年,広告学術討論会は「中国広告協会」によって主催されることとなり,同時に会議名称も年度広告学術討論会と改められた)。1983 年 11 月 17 日,中国広告協会準備委員会が設立され,準備委員会会議が開催された。12 月 27 日,中国最大の広告業組織「中国広告協会」[25]が設立され,同日,北京で第 1 回代表大会が開催された。同協会は,中国全国の広告人に対する指導,協調,コンサルタント,サービスの業務を担当し,政府に協力して業界の管理を行なった。

1983 年には,広告人材の欠乏という問題を解決すべく,厦門大学新聞放送系(系は学部と学科の中間の規模の機構)は広告学専門コースを開設し,全国的に学生募集を行なった。これは,中国の高等教育機関が開設した最初の広告専門コースだった。続いて,1994 年,暨南大学・吉林大学が広告系を成立し,1995 年には中国広告協会が『広告法』訓練班を開設し,1996 年には蘭州大学,復旦大学,中国人民大学,武漢大学があいついで広告専業科目を設置した。その後,中国各地の大学は次々に広告学科を設置し,広告学科を設置した大学は 1997 年には 30 校になり,2003 年には 144 校[26]に達した。とはいえ,中国の大学における広告教育は依然として開拓の段階にあり,「経費不足(そのため教学設備は不足し,図書資料は欠乏した)と教員の不足」[27]のため,養成した人材も,その専門知識のレベルと経験は依然として欧米および日本とはかなりの距離があり,そのため外資の広告業者が中国市場に参入する絶好の機会を提供したのだった。

1984 年,中国広告代表団は,日本で開催された第 29 回世界広告会議に招待され,参加した。これは,中国広告界がはじめて国際広告界の活動に足を踏み入れたものであった。同年 6 月 5 日,「中国広告協会テレビ委員会」[21]が南京

に設立され，18日，「中国広告協会ラジオ放送委員会」[21]が北京に設立された。同年9月，中国で最初の消費者協会である「広州消費者協会」[21]が設立され，11月1日，「中国広告協会専業広告公司委員会」[21]が重慶に設立された。12月26日，「中国消費者協会」[28]が設立され，同協会は2000年に「慧眼識広告」活動を開始した。その目的は，消費者が広告の真贋(しんがん)を弁別する能力を強化することであった。1985年5月23日，「中国対外貿易広告協会湖南分会」[21]が正式に設立され，11月22日，「中国広告協会新聞委員会」[21]が北京に設立された。

続いて，1986年8月21日，「中国対外貿易広告協会湖北分会」が正式に設立された。同年12月22-26日，中国広告協会が北京で開催した第2回代表大会は，新しい「中国広告協会章程」[21]を決定した。翌1987年5月12日，中国広告協会と中国対外経済貿易広告協会が共同してつくった「国際広告協会中国分会」[21]が北京で設立され，6月15日，アジア広告協会連盟中国国家委員会が北京に設立された。同年6月16-20日，第3世界広告大会が北京で開催された。

1.2　広告法規の整備

広告法規の面では，中国国務院は急速に成長する広告業を監督・管理するために，1980年に広告は中国国家工商行政管理局（国家工商総局と略称。2001年には国家行政管理総局と改められた）が管理するものと規定した[29]。翌1981年，中国国家工商行政管理総局は，正式に広告管理処を設置し，広告宣伝，広告経営の状況と問題点の調査に着手し，広告の発展の中で発生する各種問題を統制し掌握するために，あいついで少なからぬ条例と規則を公布して管理を行なった（表1）。

1.3　1980-1999年に刊行された広告関係刊行物

中国広告業は，中国の消費者たちに大きな影響力を持ったが，広告に関する刊行物について見てゆくと，1980-1999年に出版された書籍，雑誌および新聞などは，以下の通りである。

中国で改革開放後，最も早く出版された広告に関する著作は，潘大均・張叔

表1　中国の広告に関する法規・条例

年　月　日	広告に関する法規・条例
1982年2月6日	中国国務院は「広告管理暫行条例」を公布し，「暫行条例」の実施について通知を発表した。
1982年5月1日	中国国務院は「広告管理暫行条例」を公布し，正式に実施した。
1982年6月6日	中国国家工商行政管理局は，「〈広告管理暫行条例〉実施細則」および「広告工作を整頓することに関する意見の通知」を発表し試行した（中国国家工商行政管理局は，はじめて北京で全国工作会議を開催し，各地が広告監督管理機構を設立し，広告業の整頓を推進し，その基礎の上に中国全国の広告経営単位を一斉調査することについて，明確な要求を提起した。中国の広告業はこれによって法的根拠を持つことになり，広告監督管理工作が正式に展開されていった。）
1982年7月28日	中国の国務院を経て，中国工商行政管理総局は，中国国家工商行政管理局に改められ，その下設機構の中に広告公司が含まれた。
1982年10月4日	中国国家工商行政管理局は，「外国企業の広告経営単位の審査許可権限および雇用賃金問題に関する通知」を通達した。
1983年10月29日	中国国家工商行政管理局，財政部は，連名で「企業の広告費用支出に関する問題の若干規定」を公布した（企業が必要とする広告費用は年度予算を編制し，当年の財務収支計画に組み込み，発生する広告費用は，企業の販売費用中の支出に組み入れてよいこと，国家統計局の同意を経て中国国家工商行政管理局が広告経営情況統計制度を確立することを規定した。）
1984年3月2日	中国国家工商行政管理局，文化部，教育部，衛生部は連名で「文化，教育，衛生，社会広告管理に関する通知」を公布した。
1984年4月7日	中国国家工商行政管理局は「虚偽広告について一斉検査を実施することに関する通知」を公布した。
1984年9月3日	中国国家工商行政管理局，広播電視（ラジオ放送・テレビ）部，文化部は連名で「新聞雑誌，書籍雑誌，ラジオ放送局，テレビ局が広告を経営，刊行，放送することに関する問題に関する通知」を公布した（中国国家工商局は文書で通達し，放送，テレビ，新聞，書籍雑誌，街頭広告，灯箱，ネオンサイン，ポスター等の媒体を利用してタバコおよび40度（40度を含む）以上の烈性酒の広告を禁止した）。
1985年4月15日	中国国家工商行政管理局および文化部，商業部，中国人民銀行と国家体育委員会は，連名で「各種宝くじに対する広告管理を強化する通知」を公布した。
1985年4月17日	中国国家工商行政管理局，ラジオ放送・テレビ部，文化部等は，連名で「新聞，書籍雑誌，ラジオ放送，テレビ局が広告を経営・刊行・放送することに関連する問題に関する通知」を公布した。
1985年8月20日	中国国家工商行政管理局および衛生部は，連名で「薬品広告管理規則」を公布した。
1985年9月19日	中国国家工商行政管理局および財政部は，連名で「賛助広告に対する管理の強化に関する若干の規定」を公布した。
1985年11月15日	中国国務院弁公庁は，「広告宣伝の管理を強化することに関する通知」を公布した。

1986年1月29日	中国国家工商行政管理局は，中国国務院弁公庁が「広告宣伝の管理を強化することに関する通知」を公布した精神を貫徹するために，「広告宣伝を整理し，広告を整頓することに関する若干の意見」を発表した。
1986年2月17日	中国国家工商行政管理局は，「違法広告事例の報告書の統一的使用に関する通知」を公布した。
1986年11月18日	中国国家工商行政管理局は，「経済特区の広告宣伝に関する若干の意見」を発表した。
1986年11月24日	中国国家工商行政管理局および国家体育委員会は，連名で「体育の広告管理を強化することに関する暫行規定」を発表した。
1987年3月25日	中国国家工商行政管理局，衛生部，ラジオ放送，映画・テレビ部，新聞出版署などは，連名で「薬品広告の宣伝管理をさらに強化することに関する通知」を発表した。
1987年4月23日	中国国家工商行政管理局および衛生部は，連名で「食品広告管理規則」を発表した。
1987年9月21日	中国国家工商行政管理局広告司は，「みだりに他人名義を使用して広告宣伝を行なうことを制止することに関する通知」を発表した。
1987年9月25日	中国国家工商行政管理局広告司は，「テレビ番組を放送するさい，広告字幕と画面を重ねて出すことを禁止することに関する通知」を発表した。
1987年10月26日	中国国務院は，「広告管理条例」を公布し，各省，自治区，直轄市人民政府，国務院各部委，各直属機構に通知を通達した。
1987年12月1日	「広告管理条例」が，施行された（1982年2月6日中国国務院が公布した「広告管理暫行条例」は同時に廃止された。「広告管理条例」の公布は，中国広告業が成熟し法制化の軌道に入ったことを示した。中国国家工商行政管理局は，「ニュースの形式を利用したニュース広告を禁止する」ことを強調した）。
1987年12月5日	中国国家工商行政管理局および国家医薬管理局は，連名で「5種類の医療機械製品の広告管理を強化することについての通知」を発表した。
1987年12月31日	中国国家工商行政管理局および農牧漁業部は，連名で「農薬の広告管理工作をきちんと行なうことに関する通知」を発表した。
1988年1月20日	中国国家工商行政管理局，ラジオ放送・テレビ部は，連名で「テレビの広告宣伝管理をさらに強化することに関する通知」を発表した（番組を中断してニュース報道の形式で広告を放送してはならないと要求）。
1988年10月14日	中国国家工商行政管理局は，「クジ付き販売広告を刊行・放送することを重ねて禁止することに関する通知」を発表した（クジ付き販売活動とクジ付き販売広告の擡頭を制止することを目的とした）。
1991年	中国広告協会が制定した「広告業職場職務規範」が，試行を開始した。
1992年3月9日	中国国家工商行政管理局は，「不法に党と国家の指導者の名義，画像，言論を使用して広告宣伝を行なうことを断乎制止することに関する通知」を発表した。
1992年7月29日	中国国家工商行政管理局は，「ラジオ放送，テレビ，新聞，定期刊行物を利用してタバコ広告を刊行・放送することを断乎制止することに関する通知」を発表した（中国全国広告管理工作会議が開催され，「広告法」初稿および

	広告管理に関連する政策的問題が討論された)。
1994 年 10 月 27 日	第 8 期 10 回中国全国人民代表大会常務委員会は,「中華人民共和国広告法」を決定した。
1994 年 12 月 7 日	中国広告協会第 4 回会員代表大会は,「中国広告業自律規則」を決定した(広告という職業の専業化の発展を推進するため,業界の自律を強化することで一定程度貢献した)。
1995 年 2 月 1 日	「中華人民共和国広告法」が,正式に実施された。
1996 年 7 月 2 日	中国国家工商行政管理局は,「広告審査員管理規則」を印刷配布した(国家工商局は,全国各地で広告主に対する法に基づく最初の検査を行なった)。
1996 年 10 月	中国広告協会理事会は,「広告宣伝の精神文明自律規則」を決定し,中国国家工商行政管理局によって転送された。
1996 年 12 月 5 日	中国国家工商行政管理局は,「違法広告摘発受理工作に関する規定」を公布した。
1997 年 1 月 1 日	「違法広告摘発受理工作に関する規定」,「広告審査員管理規則」が正式に実施された。
1997 年 2 月 27 日	中国国家工商行政管理局は,「調査,取材形式での広告を制止することに関する通知」を公布した。
1997 年 4 月 30 日	中国国家工商行政管理局は,「宗教的内容を含む広告に対する管理を強化することに関する通知」を公布した。
1997 年 11 月 3 日	中国国家工商行政管理局は,「広告経営資格検査規則」を公布した。
1997 年 12 月 16 日	「広告活動道徳規範」を発表した。
1998 年 1 月 15 日	中国国家工商行政管理局は,「広告言語・文学管理暫行規定」を公布した(広告の言語が明晰・正確・完全に表現され,消費者を誤導することがないよう要求した)。
1998 年 9 月 20 日	中国国家工商行政管理局は,「テレビ直売広告管理強化に関する通知」を発表した(テレビ直売の違法な広告を整頓した)。
1998 年 12 月 3 日	中国国家工商行政管理局は,「広告言語・文学管理暫行規定」を修訂した。
2001 年 5 月 1 日	「北京市インターネット広告管理暫行規則」が実施された。
2003 年 9 月 15 日	「ラジオ放送・テレビの広告放送管理暫行規則」が公布された(ラジオ放送・テレビ総局令の形式で,テレビ広告放送の内容,放送総量,広告の挟み込み放送,放送の監督管理などに対するはじめての全面的規範)。
2004 年 1 月 1 日	「ラジオ放送・テレビの広告放送管理暫行規則」が正式に実施された。

中国広告年鑑編輯部『中国広告年鑑』新華出版社,2004 年版;「中国広告業 20 年高速発展証言史」『hc360 慧聡網広告業チャンネル』2004 年 3 月 16 日;『広告教育の位置づけとブランド創造』p.34,p.42,p.43,p.51,p.60,p.69,p.77,p.114,p.146,p.158,p.159,p.171,p.182,p.183,p.227,p.277 頁;徐光春局長「ラジオ放送・テレビの広告放送管理暫行方法,国家ラジオ放送・映画・テレビ総局令,第 17 号」『中央人民ラジオ放送局広告部』2003 年 9 月 15 日;「互聯網管理法律法規一覧」『中国互聯網』1998 年 9 月 20 日から作成。

平共著の『広告知識技巧』[21]で，1980年に出版された。同年，四川省機械工業庁主宰，自動車雑誌社編集の月刊誌『汽車（自動車）雑誌』[30]が出版された。大16開［縦1メートル横80センチの紙を16枚に切った大きさ］，300頁，毎月1日出版で，同誌の発行部数は432,968冊に達し（2005年12月現在)，中国自動車情報誌のリーダーとなっている。翌1981年7月15日，中国国家工商行政管理局が批准した最初の専門的広告雑誌『中国広告』[25]が創刊された。続いて1984年10月23日，中国広告協会，新華社中国新聞発展公司，工人日報社等が共同して創刊した『中国広告報』[25]が出版された。同紙は1987年7月1日，中国宣伝部の批准を経て，『中国工商報』[25]と改称され，中国国家工商行政管理局の機関紙となった。翌1985年9月，中国対外貿易広告協会刊行の『国際広告』雑誌が上海で創刊された。

　1987年6月10日，新華社中国特稿社主編のニュース通信『中国広告市場』[21]が創刊された。これは，中国で最初の中国語と英語で中国の広告と市場開拓動態を報道するニュース・メディアだった。同年，創刊されたものでは，さらに『広告人』[25]雑誌がある。これは，国際標準の大16開の月刊誌で，同誌は中国広告協会新聞委員会，中国報業協会広告工作委員会および天津市広告協会が共同で主宰したものである。

　1993年には，『広告導報』[25]が創刊された。これは，広告業界を主とする中国最初の広告業界新聞で，1999年に同紙は雑誌に改められた。翌1994年4月，雑誌『現代広告』[25]が創刊された。これは，中国広告協会が主宰したもので，中国広告業界中最も影響力と権威のある大型広告専門誌であり（2005年，同誌は改版され国際標準の大16開となった)，毎月1期，毎期152頁（副刊を除く)，全カラー印刷で，全世界に配布されている。続いて，1996年に雑誌『広告大観』[25]が創刊された。毎月1日刊行で，国際標準の大16開，カラー印刷，国内外公開発行で，中国国内で独自の広告効果を追求した宣伝専門誌である。

　1998年，雑誌『広告直通車』[25]が創刊された。同誌は，北京広告協会，北京市広告管理服務中心（サービス・センター）が主宰した広告市場総合サービス月刊誌であり，中国国内で最初の市場の需要と供給の双方に広告サービスで橋渡

しをする総カラー読物である。同年，中国広告界最初の大型工具書（辞書・年鑑の類を指す用語）『中国広告年鑑』[31]）が創刊された。同年鑑が創刊される前の 1987 年 2 月 7 日，中国国家工商管理総局，中国広告協会，中国環球（地球）広告公司，新華出版社が共同して『中国広告年鑑』編集委員会・編輯部を設置し，連合編集出版の協議書にサインをした。翌 1999 年，国家工商局広告司が高等教育機関の教師，国内の大型企業およびその広告代理店を組織して編著させた『広告専門技術職場資格訓練教材』が出版された。

中国政府および各関係機関団体は，広告産業の発展に熱意をもって積極的に推進し，広告に関連する少なからぬ法規を制定しただけでなく，各種の状況の発生に対応してしばしば法規の修正を行なっている。また，各地の広告会社と各種学会，協会などの成立および広告に関連する書籍，雑誌，新聞，定期刊行物などの出版も豊かな成果をもたらした。

1.4　中国広告産業の発展

以下に，中国広告産業の発展状況を見てゆきたい。『中国広告猛進史』と「中国広告業 20 年高速発展証言史」『hc360 慧聡網広告業チャンネル』2004 年 3 月 16 日に基づき表 2，表 3 を作成する。

表 2 からわかるように，1979 年の中国全国広告営業総額は 1000 万元だったが，2003 年になると 1078.68 億元に増加した。そして，表 3 からわかるように，1979 年の全国広告会社・経営単位は 10 軒にすぎなかったが，2003 年になると，10 万 1800 軒に増加したのである。表 2 と表 3 からわかるように，中国の広告産業は急速に成長している。この状況は 20-21 世紀の先進国の中で 1 つとして比べられる国はない。劉立賓は『中国広告猛進史』の 2004 年増訂版の序の冒頭で，「中国は改革開放後 25 年の間に，広告業の発展はすさまじい。2003 年を 1979 年と比べると，全国の広告経営額は 10,780 倍に増加した。1 人あたり平均広告費は 8298 倍に増加した。広告経営額の国民総産値における比率は 568 倍に増加した」と述べている。ここには，中国広告業界の人々が，中国の広告産業の発展について，その一瀉千里の勢いに興奮し，誇りに思ってい

表2 1979年-2003年の中国国内総生産額，増加速度，全国広告営業総額，GDP，1人あたり平均広告費

年度	国内総生産額（億元）	増加速度（%）	全国広告営業総額（億元）	GDP比（%）	1人あたり平均広告費（元）
1979	4,038.2	7.6	1,000万元（うちテレビ広告営業額＝325万元）	0.0025	0.01
1980	4,517.8	7.8	1,500万元（外資企業の広告費30%）	0.0033	0.015
1981	4,862.4	5.2	1.18	0.024	0.118
1982	5,294.7	9.1	1.5	0.028	0.148
1983	5,934.5	10.9	2.34	0.039	0.227
1984	7,171.0	15.2	3.65	0.051	0.35
1985	8,964.4	13.5	6.05	0.067	0.571
1986	10,202.2	8.8	8.45	0.083	0.786
1987	11,962.5	11.6	11.12	0.093	1.017
1988	14,928.3	11.3	14.93	0.106	1.345
1989	16,909.2	4.1	19.99	0.118	1.774
1990	18,547.9	3.8	25.02	0.135	2.188
1991	21,617.8	9.2	35.09	0.162	3.03
1992	26,638.1	14.2	67.87	0.255	5.792
1993	34,634.4	13.5	134.09	0.392	11.314
1994	46,759.4	12.6	200.26	0.439	16.709
1995	58,478.1	10.5	273.27	0.475	22.562
1996	67,886.4	9.6	366.64	0.548	29.957
1997	74,462.6	8.8	461.96	0.032	37.368
1998	78,345.2	7.8	537.83	0.699	43.092
1999	82,067.5	7.1	622.05	0.76	51.84
2000	89,442.2	8.0	712.66	0.8	56.3
2001	97,314.8	7.3	794.89	0.82	61.15
2002	105,172.3	8.0	9,031,464.43（万元）	0.86	69.47
2003	116,898.4	9.1	1,078.68	0.92	82.98

出所：「中国広告業20年高速発展証言史」『hc360慧聡網広告業チャンネル』2004年3月16日；『中国広告猛進史』10, 18, 24, 30, 38, 46-47, 56, 64, 72, 82, 90, 100, 109-110, 121-122, 131, 142, 154, 166, 178, 189, 203, 218, 240, 260, 279頁から作成。

表3　1979年-2003年の中国全国広告会社・経営単位数，従業員（数），
　　　1人あたり平均営業額

年度	全国広告会社・経営単位数	従業員数	1人あたり平均営業額
1979	10	≒4,000	2,500 元
1980	不明	不明	不明
1981	1,160	16,160	7,302 元
1982	1,623	18,000	8,333 元
1983	2,340	34,853	6,714 元
1984	4,077	47,259	7,724 元
1985	6,052	63,819	9,480 元
1986	6,944	81,130	1.04 万元
1987	8,225	92,279	1.21 万元
1988	10,677	112,139	1.33 万元
1989	11,142	128,203	1.56 万元
1990	11,123	131,970	1.90 万元
1991	11,769	134,506	2.61 万元
1992	16,683	185,428	3.66 万元
1993	31,770	311,967	4.30 万元
1994	43,046	410,094	4.88 万元
1995	48,082	477,371	5.72 万元
1996	52,871	512,087	7.16 万元
1997	57,024	545,788	8.46 万元
1998	61,730	578,876	9.29 万元
1999	64,882	587,474	10.59 万元
2000	70,747	641,116	11.12 万元
2001	78,339	709,076	11.21 万元
2002	89,552	756,414	11.94 万元
2003	10.18 万	87.14 万人	12.38 万元

出所：「中国広告業20年高速発展証言史」『hc360慧聡網広告業チャンネル』2004年3月16日；『中国広告猛進史』10，24，30，38，46-47，56，64，72-73，82，90，100，110，122，131，142，154，166，178，189，203，218，240，260，279頁から作成。

る気持が余すところなく示されている。

　以上からわかるように，中国の改革開放後の広告産業活動は爆発的に発展し，政府機関であろうと，学校であろうと，各業界であろうと，どの階層の人々であろうと，ほとんどすべての人々が多かれ少なかれ，その影響を受けてきた。とりわけ中国の消費者は，「今日，広告はすでに深く浸透し，人々の生活に影響を与え，それを変えつつある。人々は，もし広告がなかったら，自分がどのように商品を選択するかを想像することができない」[3]のであり，広告はすでに中国人の生活の欠くべからざる一部分になっているのである。

2　中国における外国企業広告の中国「侮辱」事件

　改革開放後，中国の広告産業が激しい勢いで発展しており，広告条例および規則などが日々完備してきており，学術界の人々は広告教育を推進することに力を尽くし，中国消費者協会も経常的に広告認識の活動を推進しており，中国人の広告に対する認識や広告の訴求（アピール）についての理解も一定の水準に達していると考えられるが，中国人が外国企業の広告活動に反発し，抗議行動を起こす事態が発生した。なぜ21世紀になって，中国では広告をめぐってこのようなことが次々に発生しているのだろうか？この問題について，以下に3事例をあげて観察したい。

2.1　トヨタ自動車広告の中国石獅「侮辱」事件

　2003年11月5日，中国第一汽車〔自動車〕集団公司と日本のトヨタ自動車が合資で設立した一汽豊田汽車銷售（しょうしゅう）（販売）有限公司は，北京で盛大な記者会見を行ない，一汽とトヨタが中国国内で合資し，協力生産したSUV型車「陸地巡洋艦（LAND CRUISER）」，「覇道（LAND CRUISER PRADO）」，「達路特鋭（DARIO TERIOS）」を11月6日，発売すると発表したが[32]，はからずもそのうちの「陸地巡洋艦」と「覇道」が大きな騒動を引き起こしたのであった。

　『汽車之友（自動車の友）』によれば，2003年第12期（総第168期）8-9頁に掲

第2章　改革開放後の中国における広告と中国「侮辱」事件 | 73

図1

出所：中国汽車工程学会『汽車之友』2003年，第12期（総第168期），8-9頁。

載された「陸地巡洋艦」広告の主なキャッチコピーは図1のとおりである。「可可西里方圓8平方公里无人烟，你却有两个对手要殊死搏斗：身体的极限和亡命的盗猎者。所以，没有 LAND CRUISER 陆地巡洋舰是无法想象的！」[33]（ココシリの8キロメートル四方に人煙なし。しかし，2つの相手，極限の身体と命知らずの密猟者が決死で闘っている。だから，ランドクルーザー LAND CRUISER 陸地巡洋艦がないなんて想像もつかないのだ！）

これは，ごく普通の広告コピーにすぎないと見られるが，中国社会に大騒動を引き起こし，各界の批判の声は途切れることがなく，中でも広範なインターネット利用者が使っているウェブ・サイトは厳しい批判を行なった。以下に5例を紹介しよう。

① 「ほの暗い図。ココシリに1台の斬新なトヨタの『ランドクルーザー』が鎖で（注意，車を引っぱる縄ではない）1台のぼろい中国国産輸送車（黄色いナンバープレートははっきり見える）を引っぱって山道を前進している！」[34]

② 「荒野の中をトヨタの『ランドクルーザー』が明らかに壊れた東風ト

ラックを引っぱっている（そばにある軍用品は，それが軍用車だと想像させる）。」[35]

③ 「1台のトヨタの『ランドクルーザー』が坂道を駆け上がる。うしろの鎖は1台のやぼったい大型トラック『東風』を引っぱっている。」[36]

④ 「ココシリの無人のけわしい山道で，1台のトヨタの『ランドクルーザー』が坂を駆け上がり，うしろの鎖は1台のやぼったい軍が使う緑色の，見たところ『東風』のような大型トラックを引っぱっている。画面左側には，密猟者を捕えるときに使う軍のコートや突撃用自動小銃などがかけられている。」[37]

⑤ 「トヨタは『パワーが充実』したランドクルーザーでゆるやかな坂道を，1台の見たところ解放ナンバーの軍用車のようなトラックを引っぱってゆっくり前進している。」[38]

　第①の要点は，故意に「斬新なトヨタの『ランドクルーザー』」が「ぼろい中国国産輸送車」と対比され，中国の自動車が日本の自動車に「鎖」で引っぱられていることを強調している点にある。第②の要点は，「壊れた東風トラック」を強調し，故意に「敏感」（デリケート）語句の「軍用品，軍用車」を用い，意図的に中国人に過去の戦争を忘れるなと注意しているかのようである。第③と第①の類似点は，「鎖」と「やぼったい大型トラック『東風』」を強調している点である。第④は，第①，第③に同じ語句「鎖」「やぼったい」，「見たところ，『東風』のような大型トラック」を使用しているほか，さらに「軍が用いる緑色の」，「軍のコート」，「突撃用自動小銃」を追加し，軍隊・戦争と関係があると示唆している。

　中国人が面子にこだわる民族であることはよく知られているが，彼ら自身は中国の国産車「東風」が日本車と比ぶべくもないことはよくわかっていても，決して負けを認めず，とりわけ相手が日本である場合には反応は一層激烈となる。一部の中国人がインターネットで，トヨタの「ランドクルーザー」の広告コピーについて「1台のぼろい，見たところやぼったい中国国産車『東風』が

第 2 章　改革開放後の中国における広告と中国「侮辱」事件　　75

図 2

出所：中国汽車工程学会『汽車之友』2003 年，第 12 期（総第 168 期），56-57 頁。

1 台の斬新なトヨタ『ランドクルーザー』に鎖で引っぱられて山道を前進する」と描写したところ，少なからぬ中国人から中国国産車に対する声援，日本車ボイコットの声がわき起こった。

次に，トヨタの別の車「プラド」の広告問題について見てみよう。

『汽車之友』2003 年第 12 期（総第 168 期）第 56-57 頁に掲載された「プラド」の広告によれば，その主な広告コピーは図 2 のようである。

「覇道，你不得不尊敬。」（プラド，あなたを尊敬せざるをえない。）

この広告は，中国人によって中国の獅子のイメージが侮辱され，全中国人の民族精神が侮辱されたに等しいと見なされた。以下に，中国人のこの広告コピーに対する解釈を 5 例あげてみよう。

① 「トヨタは，伝統文化の中で中国の雄々しい精神を広く代表する石獅〔獅子の石像〕を『プラド』に対して敬礼させたのだ。」[33]
② 「1 つの橋の上に，橋の上の威厳を象徴した中国的特色を備えた石獅がこともあろうに橋の上を走っているトヨタの『プラド』に敬礼している！」[34]

③ 「『プラド』は傲然(ごうぜん)と都市の中を駆け抜けてゆく。2つの石獅が，1つは両手を胸のところで組み合わせて上下にふるあいさつをし，1つは敬礼しているのだ。そしてさらに，『プラド，あなたを尊敬せざるをえない』と言っているのだ。」[35]

④ 「プラド・オフロード車は威武（威風）堂々と走り，2匹の石獅が道ばたにうずくまっており，1匹は身体をのりだし，右足をのばして『プラド』に敬礼をしており，もう1匹は頭を下げて胸の前に両手を組み，あいさつしている。この図につけられた広告コピーは『プラド，あなたを尊敬せざるをえない。』と書かれている。」[37]

⑤ 「1台のトヨタ『プラド』が遠くから走ってきて，道ばたの獅子の注意を引く。その中の1匹は好奇心から車の中を見，別のもう1匹の獅子は右足を上げて『プラド』に敬礼をし，『プラド，あなたを尊敬せざるをえない』と言っている。」[34]

　第①の解釈の内容は，石獅が中国の伝統文化の中で中国の「雄々しい精神」を普遍的に代表し，中国人の「雄々しい精神」がこともあろうに日本のトヨタに「敬礼」していると強調している。これは，面子にこだわる中国人にとっては絶対にがまんできないことだというわけだ。第②の解釈は，「橋の上の，威厳を象徴した中国的特色を備えた石の獅子」を強調し，故意に重点を「橋と石の獅子」に置き，意図的に中国人は盧溝橋事件を忘れてはならないと注意を喚起しているようである。第③と第④は，「傲然」と「威武」の表現を用いている。その目的は，トヨタの「覇道性」（「プラド」は中国語で「覇道」という漢字表現があてられている）を強調することである。第⑤は，中国の獅子が日本の車に「敬礼」していると解し，明らかに広告を政治に結びつけている。

　「石獅」と「日本」を組み合わせて1937年7月7日の盧溝橋事件とつなげる解釈も現われた。盧溝橋は中国金朝時代に建設されたもので，800年以上の歴史があり，全長266.5メートルあり，橋上の彫刻をほどこされた石柱が南北両側にそれぞれ104本あり，柱の上に大小の石獅計485個がある。少なからぬ中

国人が電子掲示板に「悲しむべし，筆者がこの広告を見たとき，一種の言い表わすことのできない恥辱感が心の底から湧き上がってきた。中学・高校の歴史を学んだ者が，この広告から何も考えないということはありえないことだ」[34]，「石獅は，すぐに盧溝橋を連想させる」[39]などと書いている。蔡方華は，「盧溝橋は日本の中国侵略戦争に対する憤怒の象徴である」[40]と書いている。「石獅＋盧溝橋＝抗日戦争」という連想が成立したわけである。

一部の中国人インターネット利用者はトヨタ「プラド」広告の中の石獅から盧溝橋の石獅を連想したが，盛世長城公司の杜氏は「石獅はホテルの入口や広場などどこでも見られるものであり，あれと盧溝橋の石獅との間には必然的な関連はありません」[41]と強調した。筆者も北京に行って石獅を確認し，ホテルの入口や広場のほか，学校の入口，マクドナルドの入口，一般個人商店の入口など，北京市内の至るところに石の獅子が置かれているのを見た。

清華大学社会学系の郭于華教授は，今回，「石獅」がトヨタの「プラド」に敬礼するという画面に一部の中国人が反感を抱いたのは，社会全体の背景と関連しているととらえており，同氏は，これは大変個人化した感覚であり，「仁者は仁を見，智者は智を見る」（人によって問題の見方は異なるものだ，の意）という問題に属すると見なしている。郭教授は，「中国の獅子はすでに符号化しているが，竜，華表などが非常に明確に民族的な象徴的意義があるのには及ばない」[42]と言っている。

中国人民大学の陳冠教授は，「実はこの広告自体から言えば，とくに強烈な侮辱的内容ではない。しかも，盛世長城の従業員たちは中国人なのであり，広告を設計した人たちは無意識の不謹慎によってある程度，タブーに触れてしまったのだと思われる」[41]と述べている。つまり，もし日本のトヨタが中国人の民族的尊厳を侮辱したと言うなら，トヨタの2つの広告を制作した中国人が自国文化と自分の同胞に対する十全な認識が欠けていた結果だということになる。彼は，最も重要なのは民族的な内容と国際的な形象（イメージ）のより協調的な関係をつくることだと見なしている。

中国人はトヨタの2つの広告の内容について異なる解釈をしているのだが，

その中の少なからぬ人たちは故意に広告コピーの要点を「石獅」、「覇道」、「東風」などの，中国人にとってデリケートな表現に集中させている。図１と図２から見ると，明らかにトヨタの２つの広告は普通の広告コピー訴求にすぎず，何も不適切な点はないと見られるのだが，一部の中国人は，この２つの広告は中国の伝統文化を侮辱し，中国人民の感情を傷つけ，許せない大罪を犯したと考え，インターネットで日本商品ボイコットを呼びかけ，反日，抗日などのスローガンを叫んだのであった。

　2003年12月4日『北京青年報』は，ただちに「トヨタの新車広告は大騒動を引き起こした。〔この広告は〕規則違反ではないのか，工商部門の認定を待つ必要あり。工商局，トヨタの『問題広告』を調査」[43]という記事を発表し，その中で「北京市工商局は『汽車の友』雑誌社が所在する管轄区の工商行政管理に責任を負う西城区工商局広告科に対し，『汽車の友』の同広告に関係する資料の収集を指示した」[43]と述べている。西城区工商局が調査に介入した動きから，トヨタの２つの広告に対する中国当局の強烈な不満が見てとれよう。

　中国政府当局の厳しい関心と読者たちの抗議によって，『汽車の友』はただちにそのホームページで読者に対し公開で遺憾の意を表した。同社はこの謝罪文の中で，「政治的水準が高くなかったために，広告画面の中に出現したいくつかの民族的感情を連想させる図を把握することできませんでした。現在では問題の重大性を認識しており，広範な読者におわび申し上げます」[43]と述べている。この謝罪文は，2004年1月1日の次期『汽車の友』誌に掲載された。

　トヨタのために２つの広告を制作した中英合資の盛世長城広告公司は2003年12月3日午後，「Xear記者クラブのホームページで声明を発表し，この２つの広告が読者の中に引き起こした不安感を重視し，大変申し訳なく思っておりますと述べ」[41]，広告の本意は車の宣伝と販売にのみあり，いかなる他の意図もないことを強調した。

　12月4日夜，トヨタ自動車中国事務所と一汽豊田汽車銷售有限公司広報部は共同で十数社のメディアと会見し，「この２つの広告は純粋な商品広告であり，まったく他意はありません」と言い，「最近の２つの広告が読者の中に引

き起こした誤解と不満の感情に対し，誠実に遺憾の意を表わします」[44]と述べた。その後，トヨタは自分の会社のホームページ，大型の7つのホームページ，34社のメディアで中国の消費者に対し正式の次の公開謝罪文を発表した。

「トヨタ自動車は，最近，中国国産の『陸地巡洋艦』と『覇道』の2つの広告が読者にもたらした不愉快な感情について誠実に遺憾の意を表明します。トヨタ自動車は，すでにこの2つの広告の供給を停止しました。トヨタ自動車は今後，今まで通り中国の消費者のために最も満足できる商品サービスを提供すべく努力致しますので，引き続き中国の消費者のご支持をお願い致します。」[45]

このほか，トヨタ自動車は，中国全国30社のメディアに謝罪文を掲載し，さらにこの問題について中国工商部門に対し釈明文を提出した[46]。中国国家工商行政管理総局広告管理司監督処も通報を受けており，北京市工商局は関係機関に整理改善を行なうように命じた[41]。

しかしながら，「『汽車の友』雑誌社の関係者の発言によれば，同社の広告が発表される前には，いつでも「広告法」の関連規定に基づいてそれぞれの広告文書に対して審査が行なわれているのだが，今回出現した問題は確かに思いもよらなかった」[41]という。さらに，『北京青年報』の記者張欽の報道に基づけば，「工商部門のこの件についての裁決には1つの過程が必要であり，おそらくその他の規定違反広告の認定のようには迅速ではありえないだろう。これは，主として多数の規定違反の広告が往々にして広告文書の審査が欠けていたり，あるいは明らかに関連法規に抵触していたりして，問題の性格を規定することが複雑ではないのに対して，この広告が関連するかもしれない民族の尊厳の問題は広告法規の中では禁止されているとはいえ，一定の主観的な認定の問題が存在しているのである」[47]という。

以上からわかるように，『汽車の友』雑誌社は勝手にトヨタの2つの問題広告を掲載したのではなく，同雑誌社は「中華人民共和国広告法」に基づいて広

告文書の審査を行なったのであり，関連規定に抵触しないことを確認して掲載したのである。トヨタの2つの問題広告は，一体，広告法のどの条項に違反しているのだろうか？北京丹宇律師（弁護士）事務所の劉弁護士の『北京晨報』記者に対する発言によれば，「『中華人民共和国広告法』第7条の規定によれば，広告の内容は社会の公徳と職業道徳を順守し，国家の尊厳と利益を擁護しなければならない。同時に，広告は社会の安定，社会の公共秩序を妨げたり，民族，種族，宗教，性別を蔑視する内容を含んではならない。しかし，結局，このトヨタの広告が広告法に違反したかどうかは，弁護士には簡単に認定する権限はなく，国家の工商部門が認定する必要がある」[41)]とのことである。専門の弁護士自身ですら，この広告が是か非か明確に認定することができないのである。しかも『汽車の友』誌広告部の責任者沈克(しん)も，「この広告が，結局，規定に違反したのかどうか，わからない」[48)]と言っている。それなら，なぜ一部の中国人は，「プラド」の広告に対して裁判なしに判決を下すのだろうか？

中国人のいわゆる「民族の尊厳」の問題に関連するという疑いには「主観」的認定という問題が存在し，また，もしトヨタの広告を処罰するなら，ほかに法的根拠はないので，無理矢理「民族の尊厳」を傷つけたという罪をかぶせるしかない。一部の中国人は，「石獅は一定の意義において，わが国の民族の伝統文化の産物であり，きわめて重要な象徴的意義を含んでいる。トヨタがこのような画像を選択して広告としたのは，極めて不見識である」[49)]と主張している。中国を象徴する民族的伝統文化の産物が日本のトヨタに「敬礼」するというのは，彼らの「民族の尊厳」を傷つけている，というわけだ。

しかしながら，獅子（ライオン）はもともと中国産の動物ではなく，漢代に貢物として中国に入ったのち，中国人がそれを神聖化して中国の民間信仰の一部分としたものである。中国人は獅子を「百獣の王」と見なし，邪をおさえ吉をもたらす象徴としたのである。また，仏教は獅子を尊崇したので，一般の寺廟の入口には石造りの獅子が置かれることとなったのであり，一般の中国人は，獅子は邪を避ける瑞獣と信じ，正月には「獅子舞い」が欠かせないものとなっている。

広告研究に多年従事してきた中国人民大学商学院の陳冠教授は,「プラド」広告の最大の問題のカギは,「石獅の動作が, 1つは敬礼をし, 1つはうつむいており, 臣として服従する対象がほかでもなく「『覇道』(プラド)という名の日本車だったので, 人々に不満を感じさせたのである」[41]と言っている。

　また, 次のような新聞記事も見られる。「中国の伝統文化である石獅の尊厳を守るために, 多くの中国のインターネット利用者たちは『新浪汽車頻道』等で意見を発表し, トヨタの広告が中国人の感情を侮辱し, 中国人の自尊心を傷つけたと批判したのだ」[50]。

　これに対し, 中国一汽豊田汽車銷售有限公司総経理古谷俊男は, 次のように言っている。「私は石の獅子が中国文化を代表するものだということは知らない。類似の獅子は, 日本にもたくさんある」[42]。実際のところ,「獅子」の象徴的意義についての現在の中国人の理解が統一されているわけではないことはすでに紹介した。

　トヨタが車の「Prado」を「覇道」badao と表現したことに対して, 一部の中国人は反感を持った。『大中国新辞典』,『国語辞典』などの説明によれば,「覇道」とは「①仁義を顧みず権力で人民を統治することで, 王道の反対。②横暴で道理のないやり方」であり, 漢文の「覇」とは「財産, 権勢に頼って悪事を働き英雄と称すること, あるいは地方の悪事をなすグループの人間。たとえば,『悪覇』」[51]を指す。中国人がもし「地方の悪覇」,「人の財産を覇占する〔横取りする〕」,「覇王が力づくで意志を押し通す」などの言葉をきけば, 脳裏にはただちに犯罪との等号が思い浮かぶ。孔文清「人々は『覇道』という人間と事柄について, 大部分は嫌い, 反感を持ち, 心中の怒りを口には出さない」[35]と言っている。これらは,「覇道」という言葉に対する中国人の常識的な理解であると言ってよい。

　トヨタの説明によれば,「ランドクルーザー」と「覇道〔プラド〕」の2つの広告は, 中英合資の盛世長城広告公司が製作・配布したものである。同社は,「ランドクルーザー」の広告の創意は,「ココシリのチベット・カモシカを救うことを背景として, かくも劣悪な環境の下で,『ランドクルーザー』はチベッ

ト・カモシカを助ける保護者として困難な仕事を完成させ，うしろのトラックは密猟した動物を運ぶ道具であり，トラックには絶対にブランドの傾向性はなく（「東風」ではない，の意），しかもこのトラックの色は軍用車よりも明るいのである」[41]と説明している。古谷俊男も，「2つの広告の創意は，実は両方とも中国人が設計したものであり，『ランドクルーザー』の広告の上のトラックも本物の写真ではなく，手でかいたものである」[52]と言っており，中国人インターネット利用者たちが言うような軍用車・東風トラックではないのである。そして，「覇道〔プラド〕」の広告の創意については，「トヨタ『プラド』は高級オフ・ロード車であり，その広告訴求（アピール）は『プラド』が都市を走る時の威風感を顕彰することであり，それゆえ石獅と背景の中の高楼とは都市の象徴物として出したものだ」[41]と説明している。広告を制作した盛世長城広告公司も「広告の本意は，この車が道を走る時の猛々しさを表わし，道ばたの不動の事物さえもが注意を払うということだった。しかし，獅子は盧溝橋の獅子と誤解され，彼らに驚きを与えてしまった」[53]と説明している。

　トヨタの謝罪後も攻撃は続き，インターネット・サイト『千竜新聞網』には次のような書きこみがある。品がなさすぎて日本語に訳すことにはためらいがあるし，訳せない部分もあるが，事実は正視しなければなるまい。

　　「プラドの広告は，なぜ日本の首相に敬礼させないのか。そうすれば中国を震撼させることができる。SUV広告は，どうして富士山の上に日本の富士重工の大型トラックを引っぱりあげないのか。それから，盛世長城公司は金にしか目がいかず，自分が何国人だかわからないのか？まったく恥知らずだ！」[54]

　　「日本商品をボイコットせよ！」[55]

　　「東京大虐殺の日が一日も早く来ることを願う。日本の土地になぜあんな雑種〔人を侮辱する中国語の表現〕を養っているのか，まったく情けない。私は中国人民が一日も早く強大になって，人類の清潔のために日本の豚を殺しつくしたい。」[56]

「チビ日本人め。大戦争をやらなければ，根本的には問題を解決できない。」[56]

「一切の経済貿易の往来を停止せよ！」[57]

「おまえの車，おまえの牛〔「プラド」を指している〕を買うな。あんなにガソリンを食うんだ。おまえの父さんはロックフェラーか。」[58]

「ことは，すでにすぎ去った。しかし今から見ると，やっぱり腹が立つ！同胞たちよ，過去を忘れるな。恥辱を忘れるな！知識の武器をもって，われわれと一緒に『抗日』せよ！」[59]

「すべての日本の犬を殺せ！」[60]

　これが，「民族の尊厳」，「中国文化」を守れと主張する人々の文章かと思うと，ため息が出てしまうのは私だけだろうか。

　トヨタ広告事件とは，トヨタ側には広告を製作した中国人スタッフを含めて中国文化を侮辱する意図はまったくなかったことは明らかだが，一部の中国人によって「侮辱」と誤解，ないしねじまげられて発生した事件である。否定的イメージの言葉を逆用して肯定的イメージとして使用するという例は，日本を含め，諸外国では珍しくない。「覇道」という表現も，中国人の中の否定的イメージを十分知りながら，項羽を「覇王」と呼ぶ例もあり，プラドの力強さを強調しようとしてあえて選択した漢字表現だったと見られる。私などは，プラドに「覇道」をあてるのはあざやかな命名だと思えるが，こうした感覚は現在の中国ではまだほとんど理解されない結果に終わったのである。

2.2　日本ペイント広告の中国竜「侮辱」事件

　トヨタの2つの広告が中国人に批判された翌年の2004年9月，日本ペイント社は『国際広告』誌48頁に「竜篇」という名の「立邦漆」（日本ペイント）の広告（図3）を掲載した。図3（『国際広告』誌の図はカラー）が示しているように，同広告は画面の中に中国の古典様式の亭（あずまや）があり，亭の前面の2本の立柱には，それぞれ1匹の竜がからみついている。左の立柱の色彩はく

図3

出所：中国対外貿易経済合作企業協会，中国対外経済貿易広告協会『国際広告』国際広告雑誌社，月刊総第144期，2004年9月，48頁。

すんでいて，竜はしっかりとその柱にとりついており，右の立柱の色彩は鮮かで竜は柱の下に滑り落ちている。この広告作品の紹介文は，「右の立柱は立邦漆が塗ってあるので，竜でさえ地面に滑り落ちてしまったのだ」[61]と強調している。この広告を設計した会社自身のこの広告に対する評価は，「創意が非常にすばらしく，演劇的に製品の特徴が表現されており，……周囲の環境と結びついて，ぴったりと広告の創意が表現されており，この広告例は非常に美しい」[61]というものであったが，結果的にはやはり中国人の批判と攻撃を受ける運命は免れがたかった。

『国際広告』誌によれば，この広告が掲載されると，多数の読者から電話で抗議があり，ただちにインターネット上で大騒動がもち上がり，BBS（電子掲示板）でホットな話題となってしまった。2004年9月23日，『北京晨報』の報道によれば，「インターネットで小江は記者のインタビューを受けたさい，『私ははじめに見た時は面白いと思ったが，よく考えてみると，変だと思うようになった。竜は中国の象徴なのに，どうしてこんなふうにからかわれていいものか！この創意（着想）は，さっさと改められるべきだ」[61]と言っている。インターネットでは多くの人々が，「この広告を発表した者には魂胆があり，その

悪らつさは『プラド広告』より，ずっとひどい」[61]と非難している。以下に，2004年9月24日のインターネット・サイト『新華網』における中国人のこの広告に対する論評の内容を紹介しよう。

① 「これには，まったく腹が立つ。一部外国の会社は，完全に中国人の愛国の感情を無視しており，創意があるとか言っているが，全く信じられない。」
② 「前にはトヨタの『プラド』だったが，今度は立邦漆〔日本ペイント〕の「竜の滑り落ち」だ。これは一体，どういうことなのか？これでもかこれでもかとわれわれをからかっているではないか。まさか文化の違いから来るものにすぎないというわけではあるまい？われわれの広告会社は，どうして基本的な素質さえも欠けていて，こともあろうに『創意には，相当高い吸引力がある』広告のデザインをしたりするのか。まったく腹立たしい！」
③ 「これは，日本の企業が中国を侮辱した第何回目なのか？」
④ 「こういう連中は，いつも中国人の精神をからかっており，中国人の尊厳に挑戦し，中国人にイデオロギーや伝統的な認識について口論をふっかけているのだ。これは，中国人をからかい，中国人の思想を分裂させることが目的だ。」
⑤ 「この広告のデザイナーたちは，どうしたのだろう？まさか彼は竜がわれわれ中華民族の象徴だということを知らないわけではあるまい？」
⑥ 「断乎としてこうした国格を損なう広告に同意しない。」
⑦ 「なぜ，こんなことをいつもやるのか？なぜ，こんなに多くの中国人がいつもこんなことをやるのか？魂胆があるというだけではなく，全く良心がないと言うべきだ。」
⑧ 「日本ペイントは，もともと日本の軍需企業だ。当時，日本帝国主義の中国侵略を手伝ったのが，この会社の本性なのだ。」
⑨ 「問題提起をしたあとに，またこういう類似の広告と宣伝をデザイン

したり掲載したりするのが見つかるなんで，国家はこういうものを追放すべきだし，われわれは自分の伝統と文化を忘れるべきではないのだ。」
⑩　「皆さんに日本ペイントの使用を，この広告の放送が終わるまで中止するよう提案する。」

　この『新華網』の編者は，「中日関係のこのような状況の下では，とりわけ日本の当局が正しく歴史に対処せず，しばしば中国とアジアの人々の感情を傷つけているという条件の下で，われわれは最大限寛容な態度をとってきたし，いつも未来志向でこの近隣の友邦に好意的につきあいたいと願ってきたが，トヨタが石獅に敬礼させたなどの一連のいわゆる広告の創意（着想）をふりかえってみると，われわれは問わずにおれない。広告会社として一体，本当に才能が尽きはてているのか，それとも故意にしばしば国民のデリケートな愛国の神経を挑発しているのか？」[62)]

　次に，インターネット・サイト『博客網』，『網易 www.163.com』，『新華網』などによって，日本ペイントの「竜篇」に対する中国人の論評の内容を紹介しよう。

　「わが中華民族の象徴——神聖にして威武侵すべからざる中国の竜！中国の竜は，ここで道化でさえない，ばかにされた役を演じているのだ！竜自身には，天を飛ぶ神力がある！柱にからみつくことによって，やっと首をもたげ胸をはれるのではないのだ！こともあろうに日本ペイントは，わが民族精神の象徴である神竜の神力を失わせ，彼らの足下に屈服させたのだ！こんな広告があるか？」[63)]

　「自分の民族精神を忘れるな！わが民族精神を侵犯するものに出会ったら，断乎ボイコットし，決してぽけっとして受け入れたりするな！民族精神を失った国家は滅亡するのだということをおぼえておけ！」[63)]

　「代代，日本人は中国文化の本質についてわが中国人の感情を侮辱してきた。中国人の心の中の神聖な竜のトーテムは，いかなる人であろうとこ

んなふうに踏みにじることは許されない。日本はすでに友好の隣国ではなく，極悪非道の山犬・狼だ。神は，この十悪〔仏教用語で殺生・偸盗・邪淫・妄語・両舌・悪口・綺語・貪欲・瞋恚・邪見，もしくは旧刑法の謀反・謀大逆・謀叛・悪逆・不道・大不敬・不孝・不睦・不義・内乱〕を犯した許されざる劣等民族を懲罰すべきであり，日本はすみやかに沈没すべきだ。」[64]

「もし創意（広告のデザインを）しようとするなら，なぜ天皇を柱から滑り落ちさせないのか？」[65]

「この広告を設計した売国奴たちを捕えて銃殺せよ！」[65]

「ボロ塗料の広告は，どうしてこんなふうなのか？中国人は目覚めるべきだ。われわれは共に日本商品をボイコットしよう！」[66]

「日本の悪党は，いつまでインチキを働くつもりなのか？中国民族の尊厳を，どうして日本の悪党の意のままに踏みにじらせてよいものか？現在の世界は，中国が飛躍し，日に日に強大になっていることも知っている。チビ日本人はこわくなったのだろう！こともあろうにこんな卑劣な手段を使おうとは，実に憎たらしいこと極まりない。」[65]

「実に，これ以上耐えられない。日本商品をボイコットせよ！」[67]

「日本商品をボイコットし，日本ペイントを拒絶せよ！」[68]

「日本商品を買うな！」[69]

「愛国は，とても簡単だ！日本商品を買わない，ただそれだけで，彼らは自然に出てゆくだろう！愛国に必要なのは，行動だ！」[69]

実に，言いたい放題だと言うしかない。

このほか，王官民が『紅網』に発表した「日本ペイントの『中国の竜が滑り落ちる』広告は，なぜ反感を持たせるのか？」は，日本ペイント社の広告は重要な側面を無視している，それは「中国の竜をもって文章をつくるべきではない。いずれにせよ，中国人が崇敬する竜を笑話にしてはならないのだ。正にわれわれが手足の不自由な人のことを意のままに語ってはならないと同じように，

これは1つの人間性の尊厳に関連する問題なのだ。竜は中国のトーテムであり，一定の意義において中華民族の象徴なのだ。中華民族の象徴であるものを広告とし，あまつさえ滑り落ちさせるなどとは，受け入れがたいものだ」[70]と述べている。

　北京工商大学伝播与芸術学院副院長の張 翔も，『北京晨報』のインタヴューに対して，「『竜』は中国のトーテムであり，一定の意義において中華民族の象徴である。それぞれの国家は伝統文化に対する理解が異なり，中国の文化の中では『竜』の内容は非常に豊富である。広告が一旦，文化との連係を粗略にすると，心地悪さを感じさせ，嫌悪感さえ生み出してしまうのだ」[61]と述べている。

　これに対し，『国際広告』誌は，「この広告を掲載したことには，絶対に特別な考えはなかった。編集部はこの投稿を見て，この広告には創意があると思って掲載したのである。この作品『竜篇』が読者の批判・詰問を引き起こしたことについては，わが社は遺憾の意を表明した」[61]と述べ，「『竜篇』は同誌が掲載した商業広告ではなく，同誌の中の一篇の文章によって提起されたにすぎず，発表された初志は業界が参考にし，評価することを希望したにすぎない。本誌は，決して読者の感情にいかなる傷害も加えるつもりはなく，メディアを通じて広範な読者に遺憾の意を表明し，適時に専門家を組織してこの点について討論を深めたい」[71]と釈明した。同雑誌社はさらに，この「竜篇」広告の設計者はアメリカのトップ広告会社，レオ・バーネット（Leo Burnett）広告会社（同社は2002年に広告業界の権威ある雑誌『Media & Marketing』によって「2001年度アジア地区最高の広告会社とたたえられた」）[72]の広州支社であり，中国各界に批判された「竜篇」広告に関する紹介と評価の文章も，同広告会社自身が行なったネット・アンケートからのものであって，同雑誌社とは何の関係もないと述べた。

　2004年9月22日，中国各界の批判と非難の中で，レオ・バーネット広告会社北京支社広報部は『北京晨報』に対し，「竜篇」広告に関する声明を出し，メディアを通じて一般大衆に説明を行ないたいと表明し，声明の中で次のように述べた。

第 2 章　改革開放後の中国における広告と中国「侮辱」事件　　89

図 4

出所：『BOKEE 博客網』2005 年 1 月 24 日。

　「この広告は，日本ペイント広東有限公司が生産している木製家具用ニスのために設計したものです。このニスの最大の特長は木製家具の表面の光沢を保持し，小さなトゲができるのを防止することです。広告は，誇張の手法を用いて商品の性能を表現したいのです。この広告の創作過程で，私たちは社外の人々の意見を徴しましたところ，揃ってこの創意が相当高い吸引力を備えていると認められました。日本ペイント・ブランドと一般社会の方々に与えた影響について，同広告会社は『思いがけないことであり，深く遺憾の意を表します』と述べています。」[61]

　『国際広告』誌およびレオ・バーネット広告会社は，「竜篇」広告が生み出した誤解に遺憾の意を表したが，一部の中国人の怒りを柔らげることはできなかった。中国の著名な広告制作者，韓頤和はトヨタの「プラド」および日本ペイントの「竜篇」広告に反撃するために，特に「中国国際航空公司《運行時刻表》」に公開され，中国人から「痛撃式の『反撃版』広告と呼ばれた「后羿が日を射る」（図 4）を設計した[73]。同広告の物語の説明によれば，「天神后羿は

地に直立し，弓を張り矢をつがえ，遠く西山に沈もうとしている夕陽にねらいを定め，満を持している。夕陽の下，孤立した山の峰は一面に白い雪をかぶり，画面右上方には人目を引く大きな文字で『后羿が日を射，杯をあげて共に喜ぶ』とある」[74]。同広告についての『中国工商』誌記者の形容によれば，「この広告の画面上の太陽は，見たところ白雪をかぶった富士山のような山と，広告のヘリの2本の線の中にあり，日本の国旗に酷似している」[75]とのことである。そうだとすれば，これは日本に対するうっぷん晴らしの挑発的広告ということになる。

同広告が公開されると，中国社会には少なからぬ議論が起こり，著名な『西祠胡同網（WWW.xici.net）』が論評を発表し，『中国国際網テレビ局（WWW.CCNETTV.COM）』も「この広告の関連画面を放送し，海外の一部メディアもこれに注目し，続々と報道された」[75]。ある者は，これは「その人の道をもって，その人の身を治める」〔相手のやり方で相手をたたく〕ものだと述べた[73]。中国では，これは日本ペイントの「竜の滑り落ち」とトヨタの「プラド」広告に対する恰好の反撃と受けとられたのだった。韓頤和が明らかにしたところでは，この広告は彼が特に「后羿酒」のために設計したものだったが，「もし河南張弓酒廠（酒造工場）に使用させるなら，この広告コピーは『后羿が日を射る』を「張弓」〔[張弓]とは「弓を張る」意の酒造工場名〕に変える。もし中国普天信息（情報）産業集団公司に使用させるのなら，この広告コピーは『后羿が日を射る。普天共に喜ぶ（「普天」を拡大）』に変える。さらに，もしこの広告のカラー図版が携帯電話で使われて広がるのなら，その効果はなおさらよい，とのことである」[75]。韓頤和は，自分が「狭隘な民族主義者ではなく，われわれの民族が善良であるのと同様に，もし私の作品が図らずも統合作用を生むなら，それは一種の合致と天意であるかもしれない」[75]と言っている。

日本の広告に対する批判の文章の中には，文意のよく通じない文章も少なくない。竜が柱から滑り落ちることがどうして「手足の不自由な人」のことを語ることにたとえられるのか，「后羿が日を射る」を制作して日本を「侮辱」した韓頤和が自分がどのように「狭隘な民族主義者」ではないのか，満足な説明

はなされていない。これが，誇るべき「中華文化」の「伝統」なのだろうか？

　中国人なら誰でも，「后羿が日を射る」という神話は知っていよう。——后羿は羿または夷羿とも称し，「夏王朝」の東夷族の有窮氏の首領であって，弓の達人であった。后羿在世のころ，天には 10 個の太陽があり，草木を焼き，作物は枯れてしまった。后羿は人々を救うため，続けて 9 つの太陽を射落として害をとり除いたので，民間では彼を神箭〔神の矢〕と崇めた。韓頤和は，現代の「后羿」となってトヨタの「覇道（プラド）」広告および日本ペイントの「竜篇」広告に不満を抱く中国人のために報復しようとして，強烈な反日感情と狭隘な民族主義を盛り込んで「后羿が日を射る」という広告を制作したのである。

2.3　ナイキ広告の中国文化「侮辱」事件

　2004 年 11 月下旬から中国の中央テレビ局体育チャンネルおよび各省市のテレビ局で NIKE（ナイキ）社のバスケット・シューズ広告「恐怖の闘争部屋」が放送された。これは，日本ペイントの「竜篇」広告に続いて，中国人の神聖な竜および中国の伝統文化を侮辱したものと見なされた。

　11 月 26 日，中国の『華商晨報』は，「NIKE 広告で『中国のイメージ』は撃破された」という題で，NIKE の広告が中国人を侮辱した疑いがあると報道した。このニュースが伝えられると，ただちに各界から非難が起こった。その動きは，中国国内のほかに，海外各地の華僑界にも波及し，「シンガポールの華人たちは連名で政府に請願し，NIKE のこの広告に『厳しい打撃』を与えるよう要求」[76]し，アメリカ華僑界の有名な竜形拳館名誉館長・何国竜形派拳師は，「竜は，中国を代表する。神聖にして不可侵犯と言ってもよい。もし広告が，巨竜を打ちまかすという意味があるのなら，絶対許せないと考えている」[77]と語った。

　『華商晨報』の報道によれば，『恐怖の闘争部屋』の広告の中には，NBA バスケットの巨星，レブロン・ジェームズ（LeBron James）がバスケットの選手として 5 階建ての建物に入り，各階ごとに相手に挑戦し，最後の勝利をかちと

る」というもので，広告は全部で5つの場面からなり，その中の3つの場面は中国人によって「中国人を侮辱した」疑いのあるイメージと見なされた。その広告の3つの場面の内容は，以下の通りである。

「第1場面：ジェームズは1階のホールに駆け込む。ここには演武台があり，台の階段のそばに2つの石の獅子がある。突然，空中から1人の中国人のような老人が降りてくる。身には長衣をまとっている。2人はその後，『闘争』を始める。ジェームズはアクロバットのような動作で背後からバスケットの球を投げ，球は柱にはねかえって老人を倒す。その後，ジェームズはジャンプして球をバスケットに入れ，得点する。

第2場面：ジェームズは2階に来る。ここには，至るところに米ドル紙幣が舞い，中国服を着た女子がいる。浮遊する女子は敦煌壁画の中の飛天の造姿に極めて似ている。これらの女子はジェームズに向かって曖昧に両腕を広げ，ジェームズはバックボードをたたき，空中に浮遊する飛天の女子はそれによって粉砕される。

第4場面：「ひとりよがり」と名づけられた広告の紙の中で，バックボードのそばに2匹の中国竜のイメージが現われ，2匹の竜は煙霧を吐き出し，ジェームズを邪魔する妖怪である。しかし，このすべての障碍も，ジェームズのいくつかの動作によって軽々と乗りこえられる。」[78]

この広告を見た中国人と海外各地の華人（中国系で中国の国籍ではない人々）は，不満の声をあげた。以下に，『新華網』でのこの広告に対する批判を見てみよう。

① 「夜，私はこの広告を全部見終わった。登場した中国人はすべて打ちまかされ，さらに中国人のトーテムである竜の絵もあった。中国人は無能だと言っているのであり，……広告の中の飛天のイメージと米ドルが一緒になっているのは，中国文化を侮辱しているのだと思った。」[79]

② 「われわれの広告を審査・許可し放送する機関よ，われわれはあなた方が政治を重んずることを要求しない。あなた方の人格・国格（国家の

格）を重んじてほしい。もうあなた方の経済的利益とかいうものだけを重んずるのはやめてほしい。」[80]

③　「本当におかしい。こんな広告がどうして放送できるんだ？まさか審査員がみんな中国人じゃないわけじゃないだろう？」[81]

④　「われわれの次の世代を教育しようとするなら，中国文化に偏見を持ち，中国人のイメージを中傷し，われわれの中国文化を侮辱するアメリカ製品と日本製品を断乎ボイコットしよう。中国を損ない，中国文化に背反する広告は，断乎封殺せよ！」[81]

⑤　「広告は，消費者に見せるものだ。それが消費者に受け入れられる前提は，消費者の民族的尊厳と民族感情を尊重しなければならないということだ。トヨタの『プラド』，日本ペイントの『からみついた竜の墜落』，ナイキの『恐怖の闘争部屋』は深くわれわれを傷つけた。これらの商品の中国市場での唯一の結果は，――われわれの断乎たるボイコットだ！」[81]

⑥　「アメリカ，日本は，われわれの最大の競争相手であり敵だ！特に最も憎むべき敵だ！」[82]

⑦　「広告を生放送している人々は，頭は人間の形でも脳は豚なのか，それともかつての売国奴，漢奸なのか，私はわからない。少しの廉恥もなく，こういう，一目見て中国人を侮辱しているとわかるいわゆる広告を掲載・放送するなんて，いわゆる審査をする人たちの目には赤裸裸な金銭の誘惑しかなく，完全に中国人の自尊心と国格・人格を失っているのだ。日本ペイントの『竜』広告から『中国の獅子』をトヨタ車に敬礼させることまで，さらに『恐怖の闘争部屋』の広告まで，どれが中国人を尊重しているのか？自尊心を知らなければ，どうして他人の尊重が得られるのか？広範な人民大衆の狂いのない目で見なければ，これらの群を害する馬は虎のために倀〔虎に食われて虎の手先となった者〕となりつづける（悪人の手先になる）のだ。」[82]

⑧　「すべての中国人は，ナイキの靴を買ってはならない。」[83]

⑨　「ナイキ打倒！」[83]

　『千竜網』では，ある者は，「恐怖の闘争部屋」広告の中で中国人らしき相手はすべて次々にジェームズに打ちまかされるので，そのため中国人には，同広告は「『中国文化はアメリカ文化に打ちまかされる』ということを表現する意図があるのだと見なされる」[84]と言っている。

　遼寧社会科学院李志国助理研究員も，「この広告の中には，文化に対する偏見が含まれている」[78]と言っている。ほかにも，少なからぬ華人がもっと激烈にNIKEの「恐怖の闘争部屋」広告は中華文化を侮辱している疑いがあると非難している。

　これに対し，北京南北通信公司の広告心理学研究家秦全輝は「この広告の創意にはかなり文化的な内容があり，中華を侮辱する意味はまったく存在しない」[84]と述べている。

　2004年11月30日，NIKE社は声明を発表し，「『恐怖の闘争部屋』広告は積極的な人生態度を宣揚したものであり，これによって若者が恐怖に対し勇敢に立ち向かうことを激励したかったのです。広告の中で用いられている各種の要素はすべて比喩の形式であり，それでもってNBAバスケットボールの巨星ジェームズが各種の恐怖に立ち向かうことを形容したのです」[84]と述べ，さらに「『恐怖の闘争部屋』広告は放送の前に，中国各級広告協会の厳格な審査と批准を経ています」[84]と説明している。12月7日，NIKE中国広報部代理店司愛特公関（広報）会社項目総監の周暁夢は，『新聞晨報』の記者に，「このNIKEバスケット・シューズ広告は，NIKE社がWieden + Kennedy広告公司に委託して撮影されたもので，供給対象は世界市場であり，その広告はブランド・イメージの宣伝だ」[76]と述べ，さらに，「現在までに，われわれは上部が発した中国消費者向けの謝罪の関係通知をまだ受け取っていない」[76]と言い，しかも再三にわたって，この広告は合法的であり，それゆえ広告の放送は中止しないと強調した。

　しかし2004年12月3日，中国国家広電総局は，各省，自治区，直轄市広播

影視局（庁），中央テレビ局に対し，「ただちに『恐怖の闘争部屋』広告の放送を停止することに関する通知」を通達した。同「通知」は，「最近，『恐怖の闘争部屋』という名のNIKEバスケット・シューズ広告が広範な観衆の中に強烈な不満を引き起こしている。審査を行なったところ，同広告は『ラジオ放送・テレビの広告放送管理暫行規則』第6条「ラジオ放送・テレビ広告は国家の尊厳と利益を擁護し，祖国の伝統文化を尊重しなければならない」，第7条「民族の風俗，民族の習慣を冒瀆する内容を含んではならない」という規定に違反している。それゆえ，速かに所轄の各級放送機構に通知し，ただちにこの広告の放送を停止して頂きたい。同時に，広告内容審査制度を健全化し，断乎として一切の内容上の違法を杜絶しなければならない」[85]と述べている。6日，北京市工商局の関係責任者は，同工商部門が真剣にくりかえし審査・研究した結果，やはりNIKEの「恐怖の闘争部屋」広告には「民族の風俗，民族の習慣を冒瀆する内容が含まれており，関連法規に違反しているので，メディアと広告主はただちに広告の中の不当な内容を修正しなければならず，修正以前には放送してはならない」と認定した[84]。弘理弁護士事務所の趙雅君弁護士は，「NIKEの『恐怖の闘争部屋』は，広告内容の違法に属する」[76]と述べた。

　AP通信社は2004年12月9日，「中共の役人は西方の人間が中国文化を使用することに大変敏感で，とりわけNIKE広告の中で外国人が中国に打ちかったことに怒りを感じている」[86]と報道した。

　NIKEの「恐怖の闘争部屋」広告は，中国人の怒りを買い，「中国大陸という市場は大きいので，憎まれるのはまずい」[77]ことを考慮し，NIKE社広報部はやむを得ず中国人に謝罪し，「この広告には中国文化を侮辱する意図はなく，彼らは李小竜の『死亡遊戯』を模倣しようと思っただけです」[87]と釈明し，中国政府関係部門が同広告の放送禁止という決定を行なったことを尊重し受け入れると表明した。

　NIKE社の公開謝罪について，中国のメディア界はいかなる見解も発表していないが，この広告は国民の憤りを引き起こしたと一致して認定し，「中国において放送する広告は，最大の前提は中国人の尊厳を保護し，中国5000年の

文化を尊重しなければならないということである」[87]と表明した。

中国人のアメリカに対する批判の激しさは，日本に対する批判同様の激しさであったが，「后羿が日を射る」のようなアメリカの広告への攻撃的な作品は作られなかった。

おわりに

改革開放後，中国政府は広告産業の発展に対して支持の態度をとったので，中国の広告産業は発展し，外国の専門家は中国の広告業を「世界の広告業発展の機関車」[9]と称した。中国の広告市場は，世界各国からますます重視されるようになり，1990年代以来，「麦肯，精信，盛世，奥美，智威湯遜，レオ・バーネット，電通などを含む世界の10大広告会社[88]」が続々中国に上陸し，その中で日本の電通は中国で業務を開始した最初の外国業務広告会社となった。1991年には，奥美広告公司は上海広告公司と共同し，上海奥美広告公司を設立した[89]。

表2と表3によれば，中国広告産業は格段の成長をとげてきたが，その成長の最大の要因は，1979年から2003年の間に外資が中国に投資し続けて中国の広告産業を急速に発展させたことにある。これらの外資広告会社は，中国の広告業にまったく新しい観念，理論および方法をもたらし，中国広告産業界の水準を引き上げ，中国の広告産業を急速に発展させた。

その中で，中国自身が設立した消費者協会も，消費者の広告に対する認識について教育し，広告は中国社会の中で成熟したかのように見えたが，経済の急速な発展の過程で，一部中国人がいくつかの外資会社の広告を中国人と中華文化への「侮辱」と見なす広告事件が発生したのであった。

2003年のトヨタ広告事件は，トヨタがいち早く謝罪し，広告を撤回してしまったので，中国当局は結局，どの法規を犯したのかを説明しなかった。

2004年の日本ペイント「竜篇」広告についても，一部中国人は中華文化を「侮辱」したと見なした。筆者は中国で，「『竜』について，あなた方はどう思

っていますか」と尋ねたところ，大学の教授，タクシーの運転手，町の人々などから「『竜』はわれわれと関係がない」，「『竜』に興味はない」などの返事がかえってきた。一部の中国人のトヨタ，日本ペイントの広告に対する不満は，単純な広告を故意に政治次元の問題にしてしまったのだと考えられる。

　これらの広告事件とほぼ同時期に，中国では 2003 年 11 月に日本人留学生が西安大学で卑わいと見られるコントを演じて中国人に襲撃される事件があり，2004 年のサッカー・アジアカップ決勝戦では，中国人が日本の国旗を燃やし，「釣魚島を返せ」というスローガンを掲げ，反日ブーイングを行なった事件が発生した[90]。2005 年 4 月にも，上海・北京その他各地で反日運動が発生した。要するに日本と関係のあるものなら，体育であろうと，文化であろうと，商業行為であろうと，一部の中国人によって政治闘争の材料にされてしまっている。中国政府は，これら一部中国人の非理性的行為に対して見て見ぬふりをしており，故意に彼らを利用して日本政府に対する不満を表明しようとしているのではないかと見られる。

　2004 年に発生した NIKE のバスケット・シューズ「恐怖の闘争部屋」広告事件ののち，中国のメディア管理当局はテレビ広告に対する検査をより効果的に行なうために，2005 年に新しいテレビ広告の審査基準を制定し，国内外の広告制作者の準則とした。その目標は，NIKE 広告の類の事態の再現を避けることであった。中国広電局によれば，NIKE 広告は「中国広告におけるあらゆる国家の尊厳と利益を擁護し，祖国の文化を尊重しなければならない」[66]という規定に違反したという。

　しかしながら，少なからぬ中国広告界の人々は，この新しい審査基準に困惑した。「自動車販売から携帯電話販売の会社に至るまで，その広告は中国の民族感情に抵触する可能性があり，その原因は通常，簡単には弁別できない」と見られている[86]。中国人自身でさえ，広告に対する認知と評価は一様ではないのに，外資会社の広告内容に対して，どのような基準で中華文化を「侮辱」してはならないと要求するのであろうか。

　日米などの企業が広告を通じて中華文化を侮辱しようとしているなどという

ことは，あろうはずもない。しかも，トヨタの広告作品は，中国人の手になるものであったのであり，中国人自身が自国の文化を侮辱するということもありえないことだろう。日本ペイントの「竜の滑り落ち」は，客観的に見て，ユーモラスな印象を与える広告であり，通常の神経の持ち主なら，誰もこれが中国を「侮辱」しようとしたものだとは思わないだろう。また，NIKE の広告は，中国広電総局によって『ラジオ放送・テレビの広告放送管理暫行規則』第6条および第7条違反と指摘され，中国当局は新たなテレビ広告審査基準を制定したが，中国の広告心理学研究家の秦全輝は NIKE の広告の無実を主張し，中華文化を侮辱する意味はないと述べている。

　中国政府は，各種の広告行為を監督する法規を制定したが，石の獅子や竜などいわゆる「民族精神の象徴」の扱いについて，明確に問題の是非を弁別できる基準を示してはいない。おそらく，トヨタ・日本ペイントおよび NIKE などに類する広告は，これからも発生することだろう。一部中国人は日米商品のボイコットを呼びかけているが，多くの中国人は日米の製品を喜んで買っているのが現実である。21世紀になって中国経済がひき続き急速に発展するにつれ，日本や世界各国の企業は中国における投資を進めてゆくだろうが，中国政府が非理性的な抗議行動を抑止できるのかどうかに，世界各国の企業の関心が集まっている。

　「中国人」と言っても一様ではなく，トヨタ・日本ペイント・ナイキに「民族の尊厳」が傷つけられたと感ずる中国人もいれば，トヨタの広告を制作したり，それらを見て面白いと感ずる中国人もいる。「中国人」のすべてが，ここに紹介したような非理性的な人々だと考えるのは適切ではあるまいが，中国にはまだこうした感じ方，思考の枠組にとらわれた人々が少なくないのも事実である。したがって，広告制作者たちは，中国の現在の文化水準，精神的成長過程の現段階を考慮に入れて広告を制作せざるを得ないだろう。

　最後に「尊厳」と「尊敬」について，一言述べておこう。「尊敬」という感情は，他者に要求して得られるものではない。みずからの言動の高さが尊敬に値すると他者から認められた時，他者から与えられるものである。他者に対し

て自己の「民族の尊厳」を大切にするよう要求する人が痰でも吐き散らすように他民族を「チビ日本人」「劣等民族」,「犬」,「豚」と罵り散らし,自分の「尊厳」だけを要求して他者の「尊厳」などどうでもいいと考えるような自己中心的な主張を続けていれば,これが「中国文化」の地金なのだと思われても仕方があるまい。他者から「侮辱」されているという感覚には「屈辱」過敏症とでもいうような精神構造の歪みが認められるが,これは国際社会では滑稽と見られ,中国人と中国文化の名誉をみずから引き下げる効果しかないことを憂慮せざるを得ない。

注

1) 許鵬「25年に3歩またいで,広告のケーキは一千億」『成都商報』2004年10月19日。
2) 「大事件が中国の営業・販売の時代を切り開いた」『成功営銷』2004年9月14日。
3) 国際広告雑誌社,北京広播学院広告学院,IAI国際広告研究所編『中国広告猛進史』華夏出版社,2004年9月,目録4頁。
4) 前掲『中国広告猛進史』2004年9月,248頁。
5) 「第39回世界広告大会」『百度網』2005年8月22日。
6) 欒蘭「中国伝媒行業研究報告(二)新聞業の発展空間の未来はすばらしく,競争の激化は新しい市場の局面を形成する」『西南証券飛虎網』2003年8月27日。
7) 張志安「新聞業の経営改革の中の4つの辺の突破について」『人民網』2003年4月7日。
8) 前掲『中国広告猛進史』2004年9月,4頁。
9) 「中国広告業20年高速発展証言史」『hc360慧聡網広告業チャンネル』2004年3月16日。
10) 前掲『中国広告猛進史』2004年9月,249頁。
11) 「大事件が中国の営業・販売の時代を切り開いた」『成功営銷』2004年9月14日。
12) 前掲『中国広告猛進史』2004年9月,7頁。
13) 前掲『中国広告猛進史』2004年9月,161頁。
14) 「全国最初の商業広告と最初の広告会社」『成都商報』2004年10月20日。

15) 前掲『中国広告猛進史』2004年9月, 37頁。
16) 「大事件が中国の営業・販売の時代を切り開いた」『成功営銷』2004年9月14日；国際広告雑誌社, 北京広播学院広告学院, IAI国際広告研究所編『中国広告猛進史』華夏出版社, 2004年9月, 9-10頁。
17) 前掲『中国広告猛進史』2004年9月, 9頁。
18) 前掲『中国広告猛進史』2004年9月, 10頁。
19) 前掲『中国広告猛進史』2004年9月, 18頁。
20) 前掲『中国広告猛進史』2004年9月, 5頁。
21) szandylee「中国広告20年発展史」『中華広告信息網』2005年12月16日。
22) 前掲『中国広告猛進史』2004年9月, 6頁。
23) 張樹庭『広告教育のポジションとブランドの創出』中国伝媒大学出版社, 2005年6月, 233頁。
24) 前掲『広告教育のポジションとブランドの創出』2005年6月, 232頁。
25) 前掲『広告教育のポジションとブランドの創出』2005年6月, 233頁。
26) 前掲『広告教育のポジションとブランドの創出』2005年6月, 3頁。
27) 前掲『広告教育のポジションとブランドの創出』2005年6月, 5頁。
28) 前掲『中国広告猛進史』2004年9月, 43頁。
29) 前掲『中国広告猛進史』2004年9月, 226頁。
30) 「『汽車雑誌』総編集董宝青先生作客新浪」『中国汽車影音網』2005年8月31日。
31) 『中国広告年鑑ホームページ』2005年8月22日。
32) 中国汽車工程学会『汽車之友』2003年, 第12期（総第168期）, 6頁。
33) 前掲『汽車之友』2003年, 第12期（総第168期）, 8-9頁。
34) 『千竜網』2003年12月10日。
35) 孔文清「トヨタ自動車は一夜のうちに『中華に名を轟かせた』プラド広告の背後」『北京青年報』2003年12月10日。
36) 『千竜網』2003年12月11日。
37) 張耀東「トヨタ・プラド広告事件の前後」『北京青年報』2003年12月10日。
38) 朱中奇「中国を理解することは簡単ではない──『プラド』広告から考えたこと」『南方都市報』2003年12月9日。
39) 『千竜網』2003年12月8日。
40) 蔡方華「『覇道広告の誤読』と愛国の熱情の正しい表現」『北京青年報』2003年12月8日。
41) 『北京晨報』2003年12月5日。
42) 「トヨタ・プラドは謝罪しつつ言いわけする, 各方面の人々の意見」『北京晨報』2003年12月5日。

43) 『北京青年報』2003 年 12 月 4 日。
44) 「トヨタは昨日,『問題広告』について正式に謝罪」『北京青年報』2003 年 12 月 4 日。
45) 『北京娯楽信報』2003 年 12 月 5 日。
46) 『北京青年報』2003 年 12 月 5 日。
47) 『北京晨報』2003 年 12 月 5 日；『聯合報』2003 年 12 月 6 日。
48) 「トヨタの新車広告が大騒動を引き起こし,工商局は介入し調査しはじめた」『北京青年報』2003 年 12 月 4 日。
49) 『新華社』2003 年 12 月 3 日。
50) 「トヨタの「プラド」広告は中華を辱め,中国人の自尊心を傷つけたか？」『北京娯楽信報』2003 年 12 月 3 日。
51) 薛頌主編『大中国新辞典』大中国図書公司,1968 年 3 月,793 頁；教育部重編国語辞典編輯委員会編『大中国新辞典』台湾商務印書館,1980 年 8 月,21 頁。
52) 武衛強「『言葉の権謀術数』の怪しさ,トヨタ広告事件は誰が引き起こした災いなのか？」『中国青年報』2003 年 12 月 11 日。
53) 「広告はあまりにも覇道的だ,トヨタの謝罪」『聯合報』2003 年 12 月 6 日。
54) 『千竜新聞網』2003 年 12 月 30 日。
55) 『千竜新聞網』2004 年 1 月 3 日。
56) 『千竜新聞網』2004 年 1 月 8 日。
57) 『千竜新聞網』2004 年 1 月 16 日。
58) 『千竜新聞網』2004 年 2 月 6 日。
59) 『千竜新聞網』2004 年 8 月 3 日。
60) 『千竜新聞網』2004 年 8 月 17 日。
61) 『北京晨報』2004 年 9 月 23 日。
62) 『新華網』2004 年 9 月 24 日。
63) 『博客網』2004 年 9 月 11 日。
64) 『新華網』2004 年 12 月 9 日。
65) 『網易網』2004 年 12 月 12 日。
66) 『網易網』2004 年 13 月 13 日。
67) 『網易網』2005 年 1 月 3 日。
68) 『新華網』2005 年 3 月 23 日。
69) 『新華網』2005 年 5 月 26 日。
70) 『紅網』2004 年 9 月 24 日。
71) 楊麗麗「日本ペイント広告作品事件：雑誌社が読者に遺憾の意」『北京晨報』2004 年 9 月 25 日。

72) 「レオ・バーネット広告会社が業界の特別な栄誉を獲得した」『中国印広網』2002 年 3 月 13 日。
73) 『新華網』2005 年 1 月 24 日。
74) 「広告界策画は『后羿が日を射る』を作成し，日本の『プラド』広告に痛撃」『新華網』2005 年 1 月 24 日。
75) 「『后羿が日を射る』は，日本の『プラド』を痛撃した」『中国工商』2005 年 1 月 24 日。
76) 『新聞晨報』2004 年 12 月 6 日。
77) 葉永康「華人は NIKE が広告を代えるよう笑って語る」『USA 僑報』2004 年 12 月 18 日。
78) 「『中国陣』を連破 NIKE 新広告には中国のイメージを損なう疑い」『新聞晨報』2005 年 1 月 20 日。
79) 『新華網』2004 年 12 月 6 日。
80) 『新華網』2004 年 12 月 8 日。
81) 『新華網』2004 年 12 月 9 日。
82) 『新華網』2004 年 12 月 10 日。
83) 『新華網』2004 年 12 月 16 日。
84) 「民族の風俗を冒瀆した疑い，広電総局は NIKE 広告の放送を禁止」『千竜網』2004 年 12 月 7 日。
85) 「広電総局は NIKE 広告の放送停止を要求」『慧聡網』2004 年 12 月 7 日。
86) 『大紀元』2004 年 12 月 14 日。
87) 「専稿 NIKE は中国市場を失うことを心配し，正式に公開謝罪した」『YAHOO 体育』2004 年 12 月 9 日。
88) 「新機軸を打ち出す者への解答」『天下雑誌電子報』2005 年 8 月 23 日。
89) 張樹庭『広告教育のポジションとブランドの創出』中国伝媒大学出版社 2005 年 6 月，105 頁。
90) 陸惠玲，高志宏「球場も反日，大陸のサッカー。ファンは幕を掲げて気勢をあげる」『TVBS-N 新聞』2004 年 8 月 4 日。

第 3 章

21世紀初頭中国における
"問題広告"

はじめに

　第2章に述べたように，中華人民共和国の成立後，商業広告は全面的に禁止され，1978年12月の中国共産党第11期3中全会後，解禁された。
　中国の商業広告が全面的に解禁された当初，空白の30年を埋め合わせるべく広告業界は外資広告業者の技術援助および広告人材訓練援助に頼らざるを得なかったし，外資広告業界も中国語を熟知し中国の風俗・習慣を深く理解する人材を欠いていたので，中国の広告業界に協力した。こうして，双方は，それぞれの必要に応じながら，次第に競争相手となっていった。中国の広告会社は1979年の10社から2003年の10.18万社に増加し，広告従業員も1979年の4000人前後から2003年の87.14万人にまで増加した。中国広告業の成長の速さについて，中国営銷協会副秘書長愛成は誇らしげに，次のように語った。「中国広告協会の統計資料が示すところによれば，2003年の中国広告企業の営業額中，本土広告会社の広告営業額は上位10社のうち8社を占め，平均成長率は42％であった。本土広告会社は161億元で，営業総額は国内広告営業総額の40％に達した」[1]。21世紀の中国の広告会社は，すでに外資広告業の競争相手となっており，双方は中国の広告市場を，さまざまな手段を駆使して争っている。
　第2章では，アメリカのナイキ，日本のトヨタ，日本ペイントなどの広告に対して中国の一部のインターネット利用者たちが中国人に対する"侮辱"であると批判していたことを紹介したが，今に至るも彼らのうっぷんは晴れないようで，ネット上での呪詛・悪罵が続いている。
　ところで，21世紀初頭，世界各国の衣，食，住，車など各業種の代表的企業が中国に進出しているが，これらの企業は現在の中国人の日常生活に極めて大きな影響を与えている。マクドナルドのハンバーガー類の食品は，中国人の飲食習慣を大きく変え，少なからぬ肥満児を作り出した。また，世界各国で流行している整形手術も，この業界とメディアの合作の下で，北京，上海などの

大都市に広まった。整形美容手術は女性を主とし，学生から教師などの各種職業人にまで広がり，現在では人工美女，人工イケメンが流行しており，"美容整形"はプレゼントとして用いられたりしている。台湾『聯合報』の記者汪莉絹によれば，「初歩的統計では，大陸の美容消費は年平均200億元」[2]である。美容整形業は，すでに中国民衆にとってマイホーム，マイカーの次の消費目標になっている。

　中国民衆の消費意識形態は，すでに以前とは異なってきており，多くの人々の美意識や価値観も少なからず変化した。それゆえ，各種の医薬，保健食品などの業者は，美を好む消費者に迎合し，各種各様の商品を不断に市場に提供し，各種のメディアに大金を投じて大々的に誇大不実の広告宣伝を行なっている。メディア関係者はこうした多数の真偽を判定をつけにくい広告をとりあげ，消費者に注意を喚起すると共に，中国政府の関係単位（機関）に対し，この種の"問題広告"が引き起こしている社会問題を重視し，その氾濫を制止するよう要望している。しかし，中国民衆の生活に広く深い影響を与えている違法広告問題はなかなか解決されておらず，現在なお，医薬，保健食品類などの"問題広告"は各種メディアの至る処で見られる。

　中国人ネット利用者たちに最も歓迎されない広告の内容は何なのか？彼らの頭の中では，どのような広告が問題ありということになるのか？なぜ多数の中国人は，彼らの頭の中のいわゆる愛国英雄，民族英雄，歴史上の偉人および中国を象徴するものなどを広告に用いることを受け入れることができないのか？中国の商品広告と比べて，なぜ外資系商品の広告は中国のネット利用者によって批判されやすいのか？なぜ中国政府の関係単位（機関）は，医薬，保健食品類などの中国人の生活と健康に直接の影響を与える違法広告を有効に取り締まれないのか？なぜ中国のネット利用者たちは，違法広告問題に対しては興味がないのか？

　本章では，これらの問題意識を持って，21世紀初頭の中国における"問題広告"問題について検討を行なう。

1　日本SK-II事件

　第2章で詳しく述べたように，2003年12月以来，日本のトヨタ「ランドクルーザー」，「プラド」という新車の雑誌掲載広告は，一部中国のネット利用者によって中国の伝統文化を侮辱したと批判された。ネット上で，多くの人々が「ランドクルーザー」広告は「高原でわが国の軍用車のような緑色の大型トラックを牽引するというデザインは商業征服のきらいがある。中華民族の感情を損なった」と見なし，「プラド」広告については，「石の獅子には中国を象徴する意味があるのに，"トヨタ・プラド"広告は石獅たちに日本ブランドの自動車に対して"敬礼"，"おじぎ"をさせた。盧溝橋，石獅子，抗日の3者の関係を考えればますます腹立たしい」[3]と言い，その後，外資企業の広告は何千何万という中国人ネット利用者の監督対象となった。

　ついで2004年9月，日本ペイントの「竜篇」広告が出ると，たちまち中国人ネット利用者の非難が起こり，少なからぬ人々は，「この広告は中華民族の象徴を侮辱した。日本ペイントは，日本資本なので，一部のネット利用者はこれに憤慨し，これは『トヨタ・プラド』広告事件のあとをつぐ，広告を利用した"中国侮辱"事件だと見なした」[3]。日本ペイントの広告は，中国人ネット利用者によって，トヨタの問題広告を鑑としておらず，意図的に中国人の民族精神の象徴に挑戦しようとしたものと見なされた。しかし，騒ぎになるまでは，1つの「竜篇」広告が想像力豊かな中国人ネット利用者にあれほど多くの罪名をかぶせられるとは，中国人ですら想像できなかったのである。

　この"獅子"と"竜"に対する中国人の胸中の意識については，日本の業者のみならず，多くの中国人にもはっきりしたことはわからなかったのだった。『汽車之友』誌広告部責任者沈克は，『国際先駆導報』記者に対して，「もしも広告に問題があることがわかっていたら，われわれはどうしてそれを発表したりできただろうか？」[4]と述べた。しかも，以上3つの広告を制作したのは，いずれも日本人ではなく，中国人だった。

2004年12月14日，中国営銷協会副秘書長の愛成は『中国営銷伝播網』（サイト名）で中国人ネット利用者に対して，「われわれは，ナイキの「恐怖の闘争部屋」は中国人がつくったものだということを知っている。われわれは，日本ペイントの「竜篇」広告も中国人がつくったものだということを知っている。われわれは，さらに石の獅子が「プラド」に頭を下げるトヨタ広告も，中国人がつくったものだということを知っている」[1]と語っている。これらの中国人デザイナーたちは，広告を通じて自国の「精神的象徴」を侮辱しようなどとは思っていなかったはずであり，すべての中国人が"獅子"と"竜"について同じ見解を持っていたわけでもなかった。

上海外国語大学党委副書記の呉友富氏が"竜"を中国のイメージとするのはもう止めようと提案したところ，彼のこの"廃竜論"はただちに中国人ネット利用者に包囲された。ある者は，彼を中国人である資格がないと罵り，ある者は彼が「中華民族」が最も敏感に感ずる痛みに触れたと罵り，ある者は，彼が「"中国の竜"は十数億の炎黄［炎帝・黄帝］の子孫の心の中では他に代えることのできないトーテムである」[5]と主張した。批判の対象は中国共産党指導部クラスの人間だったので，Camel In Rage という署名の人が登場して呉友富氏を弁護した。彼は「"中国の竜"の事件からネット暴民の力を見る」[6]という題で，中国人ネット利用者たちが容易に煽動されやすいネット"暴民"であり，大騒ぎするのが好きで，あちらこちらに貼りつけて人を罵るその行動はまるで"紅衛兵"のようだと批判した。

Camel In Rage はネットの現状を指摘し，多くの中国人ネット利用者が少数の人々に煽動されてネット"暴民"，ネット"紅衛兵"になっていると述べた。しかし，ネット"暴民"たちも，ネットでの言論が決して中国共産党・中国政府が敷いた境界線を超えることはできないことを知っている。それゆえ，彼らは党と政府が認めている"愛国"という分野の事物を選んで批判の話題としているのであり，外資企業は彼らの格好の攻撃対象なのである。ある中国のハッカーは『国際先駆導報』記者に，「こういう攻撃が法律的責任を問われる危険は比較的小さいし，少なくとも皆の道義的な支持が得られる」[4]と語っている。

たとえ批判が度を越しても愛国者という栄誉が得られる。そこで，中国人ネット利用者たちは，ネット上での活動を決して止めないのである。

さて，トヨタ，日本ペイントに続いて，2005年，中国で国際社会を騒がせたSK-Ⅱ事件が発生した。これは，広告が問われたわけではないが，消費者に危害を及ぼす問題日本商品として槍玉にあげられた事件なので，まず検討しておきたい。同年1月23日，江西省南昌市の一消費者，呂女士は当地の凱美百貨店で宝潔中国公司（プロクター・アンド・ギャンブル（P&G中国）のSK-Ⅱ商品「緊膚抗皺精華乳」（皮膚の皺をのばす乳液）を1瓶840元で購入した。呂女士によれば，「使っているうちに，皮膚が最初はかゆみと部分的にやけるような痛みがあり，"28日間連続使用すれば，しわが明らかに80％減少し，12歳は若くする効果がある"という販売員が推奨したような効果はなかった」[7]。そこで，この消費者は騙されたと思い，同年2月21日，当地の唐偉という人物を代理訴訟人に委託したというのである。その後，唐偉が積極的にこの件を広げ，中国社会各界の関心を引き起こし，メディアの頻繁な報道と関係行政職能部門の介入・調査を経て，ついには中国で世の人の知るSK-Ⅱ事件に発展したのである。

ここで，唐偉がSK-Ⅱ事件の中で，どのよう役割を担当しているのかを見てみる。2005年3月11日，唐偉が「新浪嘉賓（上客）聊天（おしゃべり）室」に参加してネット利用者に語った話を紹介しよう。

まず唐偉は，「私はいくつもの投資会社で働いたことがあり，財政経済学部を卒業しています」[7]と自己紹介したが，出身校名，現職名は明らかにしなかった。続いて司会が唐偉に，「メディアの報道によれば，宝潔公司（P&G中国）はあなたの身分に疑いを抱いています。宝潔公司は，呂女士が依頼したいわゆる代理弁護士は，われわれの理解によれば，"自由人"だ，と言っています」[7]と言い，これに対して唐偉は「裁判所が提供した委託代理人身分は非常に明確で，私は"自由人"であり，いかなるメディア，いかなる公衆に対しても私は弁護士だと言ったことはありません」[7]と答えており，自分が弁護士資格は持っていないことを認めている。その後，唐偉はネット利用者たちに対して，

「われわれは 2005 年 3 月 1 日に日本の宝潔公司の中国の取次販売商・江西凱美百貨管理有限公司および SK-II の中国総取次販売商・広州浩霖貿易有限公司を告訴しました」[7]と言い，次の 3 点を補足説明している。

「①私は呂女士を代理し，」「SK-II 広告のラベルには宝潔公司（P&G 日本）の明確な住所がないので，取次販売商だけを起訴しました。しかし，SK-II 広告のラベルには日本宝潔（P&G 日本）と明記されているので，対外訴訟に発展する可能性がある。②呂女士が購入した「緊膚抗皺精華乳」のほかに，SK-II の 2 種類の商品に水酸化ナトリウムが含まれている。『SK-II 多元修復精華霜』（クリーム）と『SK-II 眼部多効滋養精華素』である。③呂女士は劉嘉玲（香港女優）の広告の SK-II に引きつけられて商品を購入した」[7]。

唐偉は，何度もネット利用者に SK-II 事件が対外訴訟に発展する可能性があることを強調した。これに対し，司会は，もしこの会社が対外訴訟になったら，あなたはどう処理するのかと尋ねると，唐偉は「わが国の関係法は，被告を日本から召喚し，中国の法廷の被告席に坐らせることを規定している」[7]と答えた。

続いて，「私は絶対放棄しない。必ず中国の何千何万の消費者に知る権利を持たせ，必ず中国の何千何万の美を愛する女性のために正義を回復させる」[7]と強調した。

このような弁護士資格を持たない人物が訴訟当事者となっていることから，SK-II 事件発生の背景および過程は単純ではなく，唐偉はある種の背後の勢力が打ったコマに過ぎないのではないかという疑いが持たれている。なぜなら，中国では，普通の一"自由人"が中国共産党と政府の意思を抜きにして，中国社会および中国政府行政部門などを動かし，事件全体を国際的事件に発展させるなどということは，現状ではありえないからである。本稿の 4 節で見るように中国のメディア関係者たちが人民の健康に危害を及ぼす違法医薬品および医院などの問題について，いくら告発の文章を発表しても，中国社会および中国政府の関係単位（機関）などは全然動かないことと対比すれば，この SK-II 事件の性格が浮かび上がってくる。

続いて,『新浪嘉賓聊天室』の司会者が,消費者による告訴を報道した江西『信息日報』記者の鍾端浪に,「あなたは今,水酸化ナトリウムという物質が失明を引き起こす可能性があるとおっしゃったが,それほど強い有害性があるなら,宝潔公司はどうしてSK-Ⅱにそれを使っていると思いますか」[7]と尋ねると,鍾端浪は,「そうです。これは正しく唐偉がSK-Ⅱを起訴した原因の所在するところです」[7]と言い,正面から質問に答えていない。

次に司会者が唐偉に,「医学専門家は水酸化ナトリウムは化粧品の中に使用してよいと言っていますが,これについて,あなたはどう思いますか？」[7]と尋ねたところ,彼は「この2人の医学関係者を私は知っています。1人は医院の皮膚科の医者で,1人は台湾の学者です。彼らは彼ら個人の観点を表明しているにすぎず,しかも彼らは単独の個人にすぎません。ネット利用者は医学関係者を代表することはできませんが,社会の中の主要な部分であり,しかも彼らは皆大変常識を持っています」[7]と答えており,やはり水酸化ナトリウムに関する質問には正面から答えていない。さらに,その言外の意味は,人数の多い中国ネット利用者は常識を持っていて,化粧品の成分が適当かどうか判断できるのだという説得力に欠けた話である。

一方,唐偉が指摘した水酸化ナトリウムが包装に表示されていないという問題について,宝潔公司（P&G中国）広報経理の馮家は,「2002年『化粧品衛生規範』の規定に基づけば,化粧品には中国語のラベルには（水酸化ナトリウムという成分について）表示・警告する必要はないのである」[8]と答え,さらに,「SK-Ⅱは輸入化粧品として,あらゆる中国語の表示は国家の規定に符合しており,われわれも国家がわれわれに与えた合格許可証を持っている。この許可証は,すべての輸入化粧品が中国市場に入るさいに必要なものであり,許可を受けるには,衛生部が商品の調合,成分,安全を確認し,その原文の包装,中国語のラベルも検査することが必要である。あらゆる項目が合格となったのち,はじめて許可証が発行され,販売することができる」[8]と指摘している。すべてが,中国の関連法の規定に従っており,しかも合格の許可証を得ているのに,もしも唐偉の非難が中国政府当局によって認められ,本章の3節で述べるよう

な"屈原牌飼料"の商標のように取り消しの措置を受ける可能性があるのならば，中国の法律による保証は信任に値しないものと見なされざるを得なくなるだろう。

　2005年6月，SK-II事件の風波がまだ完全にはやまないうちに，宝潔（P&G中国）の系列商品は，さらに消費者から「"潘婷（PANTENE，パンテーン）"シャンプー，"海飛絲（Head & Shoulder，ヘッド・アンド・ショルダーズ）"シャンプー，"舒膚佳（Safeguard，セーフガード）"石鹸，"佳潔士（CREST，クレスト）"練り歯磨き」[3)]などの商品の広告の宣伝には虚偽の疑いがあると訴えられた。

　中国の消費者は，数ある化粧品の中でなぜSK-II化粧品だけを攻撃対象にするのだろうか？こうした疑問は，中国人ネット利用者が『新浪嘉賓聊天室』に参加したとき，唐偉に対して，「宝潔（P&G）の商品は大ブランドだが，宝潔（P&G）と同じような大ブランドの藍蔻（LANCOME，フランス商品），碧欧泉（BIOTHERM，フランス商品）にはこうした問題はないのか？」（「SK-II事件代理人唐偉と記者鍾端浪との新浪サイトでの対談実録」『新浪財経網』2005年3月11日）という質問が出た。彼の答えは，「香奈爾（CHANEL，フランス商品），倩碧（CLINIQUE，アメリカ商品）などの国際的に知られた大ブランドはすでに中国に入っており，中国の市場で販売されている。これは私の調査結果だ」[7)]というもので，やはり質問には答えていない。唐偉の回答から見て，彼にはSK-IIに対する調査のように，その他の国際ブランドの化粧品の成分を調査する気は全然ないようだ。これでどうして，中国の何千何万の消費者，美を愛する女性を保護すると大言壮語する資格が彼にはあるのか，不明である。

　2005年6月24日，SK-II事件はますます広がり，中国のその他の外資系化粧品会社も自分のところにまで波及するのではないかと心配し，欧萊雅（L'ORÉAL，フランス商品）など10数社の外資企業化粧品会社と宝潔公司は北京に集まり，中国国家工商局・商務部等の関係政府官僚と面会し，問題解決を要望した。

　しかしながら2006年9月14日，中国国家質検総局は「最近，日本の化粧品から使用禁止成分が何度も検出されており，日本から輸入されている化粧品の

検験検疫を強化するよう要求する」[9)]と強調した。ここには，当然，SK-II が含まれている。中国国家質検総局は日本政府主管部門および駐中国大使館に書簡で，「日本の関係部門が中国に輸出している化粧品に対して管理を強化し，中国国家基準の要求に符合することを保証するよう希望する」[9)]と表明した。しかし，日本の化粧品のどれが中国の基準をどれだけ上回ったのか，何が使用禁止成分なのかという指摘は，一切なかった。

　製造業の日本宝潔（P&G 日本）社は，新聞広告で声明を発表し，宝潔（P&G 日本）の商品は「絶対安全である」と述べたが，中国各地では返品の潮が高まり，加えて中国政府のこうした一連の動きがあり，ついに 2006 年 9 月 22 日，次のような声明を発表した。「中国の，化粧品に含まれる微量のクロミウム（Chromium）およびネオジミウム（Neodymium）に関連する規定に符合することが確認されるまで，中国での商品販売を一時停止し，SK-II の中国の正規取扱店を閉鎖することとした」[9)]。SK-II 事件について，日本の駐中国大使館員は，「事件に政治との関連があるかどうかはわからない」[9)]と述べている。

　これに対して，各方面では，日本が 2006 年 5 月 29 日から正式に実施した「食品中に残留した農業化学物質許容リスト制度（食品衛生法の残留農薬等に関する基準）」[9)]に対する報復として，中国が SK-II を血祭りにあげた，と見ている。日本の新制度の実施は，中国の対日輸出企業 6000 余社に影響すると見られる。2006 年 9 月 22 日，中央社台北専電の報道によれば，「関係専門家の指摘によれば，中日双方がかくも密にお互いを"制約"し，報復が"エスカレート"したことは，両国の貿易の紛糾が次第に拡大し，エスカレートしつつあることを示している」[9)]とのことである。SK-II 事件とは，このような不安定な政治情況の下で起こったものであり，喜劇として終末を迎えるのか，それとも悲劇として終末を迎えるのかは，日中両国の今後の外交関係によって決定されることとなろう。

　以上に述べたように，SK-II 事件は引き続き進行中である。これには，台湾の消費者も疑念を持ち始めたので，台湾 SK-II 公司（P&G 台湾）はただちに声明を発表し，「日本から輸入された台湾の全品目 40 余種の商品にはクロミウム

およびネオジミウムなどの成分は含まれていない」[10]ことを強調し、SK-IIのあらゆる商品の生産過程は台湾衛生署の検査に合格していると述べた。

　台湾衛生署は、消費者の疑念を打ち消すために、台湾の民衆にクロミウム成分についてよりよく理解させるため、特に台湾人が常食している総合ビタミンと糖尿病専用の粉ミルクで説明し、「SK-IIのクロミウム含有量は栄養補充品の千万分の一にすぎない」[10]と述べ、食べたとしても問題はない、ということは顔に塗ってもなおさら問題はないのだ、と述べた。また、台湾衛生署薬剤処処長の廖継洲も、台湾人がしょっちゅう食べている拜耳薬廠（Friedr. Bayer et comp.）の"素宝丁（Supradyn, 総合ビタミン）"と惠氏薬廠（Wyeth-Ayerst (Asia) Ltd. Taiwan Branch）の"善存（Centrum, 保健食品ブランド名）"および糖尿病患者専用の"加特福特殊配方奶粉"（台湾加特福生物科技会社が独特の方法で調剤した粉ミルク）など3種を例としてSK-II商品が無害であることを証明した。廖継洲は、「たとえ消費者が毎日、含有量3ppmのクロミウムを含む化粧品を2cc使用したとしても、その中のクロミウム含有量は"素宝丁"1粒の1600万分の1にすぎない。クロミウム含有量は"善存"1粒の1万6000分の1にすぎない。"加特福特殊配方奶粉"の1日の攝取量に含まれるクロミウムは化粧品の3万2000倍である」[10]と述べた。廖継洲は、過大な量を使用しさえしなければ違法ではない、と説明したのである。

　中国で槍玉にあげられたSK-IIの9項目の商品を台湾衛生署が検査したところ、規定に符合していることが証明された。台湾衛生署は報告の中で、「SK-II化粧品の微量元素はEU化粧品基準（EU Directive）、アメリカ食品薬物管理局（Food & Drug Administration）、アメリカ化粧品協会CTFA（Cosmetic, Toiletry, and Fragrance Association）および香港化粧品同業協会（The Cosmetics & Perfumery Association of Hong Kong Ltd.）」[11]などの機構が許可していると指摘した。同署は、化粧品の中には避けられない微量な残留元素があるが、消費者に影響を与えるものではないと強調した。

　SK-II事件からわかることは、台湾政府のSK-II商品に対する対処の仕方は中国とはまったく違っていた、ということである。台湾衛生署は科学的な方法

でSK-Ⅱ商品の安全性を証明し，台湾の消費者を安心させ，科学的証拠がないのにSK-Ⅱを販売停止にすることは絶対にありえないとした。台湾SK-Ⅱ公司（P&G台湾）は，最初に声明を発表したほか，同時に迅速にメールを使って台湾の消費者にSK-Ⅱ商品の安全性の問題を説明した。その内容は，以下の通りである。

「最近，SK-Ⅱブランドの輸入化粧品の中に微量元素が含まれているという報道について，本日発表された衛生署の調査報告は，改めてSK-Ⅱの商品が安全で心配がないことを確認しております。SK-Ⅱが台湾で販売している商品はすべて衛生署の関連規定に従っており，商品の安全と品質には充分な保障があります。（中略）この事件で問題とされた微量元素クロミウムとネオジミウムは，実は広泛に空気，水，土壌のような自然界に存在する物質なのです。」[12]

このほか，台湾のネット利用者のSK-Ⅱ事件についての見方も，中国のネット利用者とは違いがあるので，以下に『智邦生活館』の中のいくつかの書き込みを紹介しよう。

① 「私が最近見たニュースによれば，大陸の上海SK-Ⅱは消費者の返品処理に応じており，しかも多分，大陸市場から全面的に撤退するそうだ！」（署名：oldkitty。『智邦生活館』2006年9月23日）
② 「台湾SK-Ⅱ公司（P&G台湾）広報経理の呉卉蓁は，大陸市場にはニセブランドが出まわっており，上海，北京であろうと，あるいは広東，深圳であろうと，次から次へと途絶えることがない。会社としては，指摘を受けた商品はニセモノではないかと疑っており，全面的に調査に協力することを表明している，と述べた。しかし，女性の美容も注意が必要だ。出所不明の商品を購入したら，美容がかえって身を傷つけてしまうことになりかねない。」（署名：小潔。『智邦生活館』2006年9月25日）

第 3 章　21 世紀初頭中国における"問題広告"　　115

③　「わけがわからない。商品は申請したとき政府の機関は検査をしっかりやるべきなのに，どうして事後に問題が発見されるのか？商品の安全，品質の問題なのか，それとも政府機関の問題なのか？」（署名：0952。『智邦生活館』2006 年 9 月 16 日）

④　「大陸の商品は…やっぱり恐ろしい。案の定，悪質な商品が多いのだろう！」（署名：Cindy。『智邦生活館』2006 年 10 月 1 日）

⑤　「きくところでは，化粧品がクロミウム，ネオジミウムを含んでいるというのは，何の専門知識もない記者が記事として報道したものだとのことだ。記者なんてウソをつくのが一番うまいということを皆が知っているとは限らないだろう！」（署名：tonks。『智邦生活館』2006 年 10 月 1 日）

　Cindy という人が言ったように，中国では悪質な商品が多いので，少なからぬ台湾人は，中国で発生した SK-II 事件は中国人が自分で製造した悪質ニセ商品なのではないかと疑った。台湾 SK-II 公司広報経理の呉弁蓁は，台湾の消費者が大陸で製造されたニセモノを購入することを心配して，台湾が承認した正規取扱店で購入した SK-II 商品なら絶対大丈夫だ，と語った。

　台湾の消費者は長い間，中国の悪質商品の被害を受けてきたので，台湾政府は台湾の消費者を保護し，「中国の悪質商品が引き続き台湾人に損害を与えるのを防ぐために」[13]，台湾経済標準検験局は 2007 年から，アメリカ消費者商品安全委員会（CPSC）ホームページが公布した中国大陸欠陥商品情報を収集し，台湾国内の消費者の参考に供することとした。同局によれば，「2007 年 2 月，アメリカ CPSC ホームページが公布した中国製欠陥商品には，パーマネント器，電気スタンド，リモコン，自動車，ジャケット，玩具車用電池セット，玩具オーブン，ベビー靴など 16 項目の商品がある」[14]。『中央商情網』の報道によれば，「アメリカ CPSC のホームページが公布した欠陥商品の中では，中国製が 43％を占めた」[13]。

　中国は，まず自国の欠陥商品を徹底的に改善し，問題の解決をはかることが

要求されている。自国の商品が世界各国公認の水準に到達したとき初めて，他人の商品を批判する資格が生まれる。SK-Ⅱの商品は国際社会の消費者から優良商品と見なされており，その商品の良し悪しは消費者が判断するのであり，政治的手段を使って抹殺したりしてよいものではない。今回のSK-Ⅱ事件問題は，外国企業の中国市場に対する不信感をかきたてる結果となった。結局，SK-Ⅱ事件は，中国政府による日本の農産物安全基準への報復事件であったと見られる。

2 アメリカ商品の"問題広告"

　第2章で述べたように，2004年11月，アメリカ・ナイキの「恐怖の闘争部屋」というテレビ広告は，中国のネット利用者によって日本ペイントと同様に中国の神聖な竜を侮辱したと見なされた。ある中国ネット利用者は，「中国の伝統を侵犯したほかに，文化的差別がある」[3]と見なした。実は，ナイキの「恐怖の闘争部屋」テレビ広告が放送された当時，大多数の中国人は別に何も変だとは思わなかったのだが，その後，中国人ネット利用者がサイトでこの広告がいかに中国の伝統文化を侮辱しているかという主張を行なったのち，広範な中国人の注意を引き起こした。ここからわかるように，中国の民衆の大部分は，世論の影響を受けたのちに，広告内容が中国人を侮辱したかもしれないと意識したのだった。

　たとえば，20歳の張済はバスケットファンだ。彼は，『国際先駆導報』記者に，「私は最初，ナイキの『恐怖の闘争部屋』広告がどうして放送中止になったのかわからなかったが，あとでネット利用者たちの評価を見て，広告の中の"竜飛天"と"白眉老道"が民族の風俗習慣を冒瀆しているきらいがあるという説明があり，確かに問題があると思った。あとでどういうわけかわからないが，ネットでまたこの広告（中国人ネット利用者がはりつけたもの）を見たら，反感を感じた。それ以前には，こういう感じはなかった」[4]と語っている。

2.1 HP「連想」広告事件

続いて 2005 年 2 月,アメリカの HP（惠普,Hewlett-Packard,ヒューレット・パッカード）は商用ノートパソコンの販売促進のために,台湾で「連想（聯想),都不用想（考える必要もない）」という広告をうち,中国社会に大きな波紋を呼び起こし,中国の「連（聯）想」社管理層の公開批判を浴びたのであった。多くの中国人は,これは中国連（聯）想公司（社）に打撃を与えようとするものと見なした。中国の広告営業専門家も,「法律と商業道徳から出発するなら,これは主流の競争方式ではない」[3]と見なした。これに対して HP 社は,「この広告コピーは,純粋に消費者に,急いで HP 商品を購入するよう訴えたものであり,IBM および「連（聯）想」社をあてこすったものではない」[15]と回答した。中国では,「競争相手の名前を出した広告は法的に禁止されている」が,HP 社のこの広告には「連想」社の名を出しておらず,ましてやこの広告は台湾で放送されたものであり,台湾人の不満を引き起こしているわけでもない。ここから,台湾人と中国人の広告文化に対する認識の違いは大変大きいということが見てとれる。

2.2 デル「アイスクリーム」広告事件

同年同月,デルが打ち出した「アイスクリームをなめる」広告の内容は,「販売員がアイスクリームを売ると,ふとった中年の人が割って入ってきて,アイスクリームを横取りし,一口なめてから消費者に渡す」[3]というものである。大多数の中国人のこの広告内容についての理解は,「広告の中の中年の人は,明らかに PC 企業の販売業者で,デルは消費者にパソコンがあなた方の手に入る前に小売業者に利益を抜きとられていると告げている」[3]というものだった。「連想」社は現在,中国最大の PC 小売業者グループなので,デルのこの広告は「連想」を侮辱する意味があると見られた。この広告が放送されたのち,中国の業界はただちに大騒ぎをし,デルと「連想」の中国における販売大合戦の導火線となった。

図1

出所:『浙江在綫新聞網站(www.zjol.com.cn)』2005年6月21日。

2.3 マクドナルド「ひざまずき」広告事件

続いて2005年6月、マクドナルドの「私は好き」(図1)という一連の広告が西安・成都および鄭州などのテレビ局で放送されると、多くの中国人消費者はマクドナルドの広告を「自分の人格をひどく侮辱し、社会の気風に違背したので、彼らに反感を感じさせられる」[16]と受けとめた。その広告の内容は、次の通りである。

「音声・画像店の入口
顧客:1週間ならいい?1週間……(店主は首を横に振る)。3日、3日でどうだい?
店主:(きっぱりと)何遍も言ったよ。うちの優待期間はもう終わったんだ。
顧客:ご主人、ご主人ったら……(地面にひざまずき、店主のズボンを引っぱり、頼みこむ。)
ナレーション:さいわいマクドナルドは、私がチャンスを逃した悔しさを理解してくれ、私に365日の優待を与えてくれました。」[3]

第 3 章　21 世紀初頭中国における"問題広告" 119

　この広告の中に，消費者が店主に向かって泣きながら商品の割り引きを頼みこむ場面が含まれていたため，大議論が起こり，中国人のネット利用者は，「たとえ西洋人が中国のことを理解できないとしても，彼らだって人間には共通の尊厳が求められるということを知るべきだ。たとえ東西文化の差異が大きいとしても，他人に向かってひざまずくなんていうのは，アメリカに行っても，すばらしい栄誉であろうはずがない。実際，どんな文化の中でも，ひざまずくというのは恥辱だ。東方ではそうであり，西方でもそうなのだ」[3]と論じた。中国人の意識の中では，"ひざまずく"ことは"恥辱"に等しいというのだ。マクドナルドは，広告の中の"ひざまずく"部分を削除し，中国人消費者に謝罪せざるを得なかった。

　しかし，"ひざまずく"ことが"恥辱"に等しいというこの定義が成立するのなら，日本の芸能界，料亭および旅館，はなはだしきに至っては一部の家庭では客に挨拶するさい，"ひざまずく"という動作をするが，日本人は自分がしょっちゅう"恥辱"をなめているのだということになる。外国人が中国人あるいは東方文化を理解していないと咎めるのなら，それと同時に，中国人が外国文化を理解し受け入れる努力も必要だと思われる。

2.4　ケンタッキー"激励篇"広告事件

　次に，2006 年 4 月 6 日，ケンタッキーはテレビで"激励篇"という広告を放送した。その内容は，以下の通りである。

>　「3 人の大学受験準備中の仲間の話だ。そのうち，小東という名の男子はとてもよく勉強し，もう 1 人の女子と 1 人の赤い服を着た男子がケンタッキー・レストランで勉強しているのを手伝ってあげる。赤い服を着た男子はケンタッキー・フライド・チキンを食べることだけに夢中で，まじめに勉強していない。意外なことに，大学受験が終わると，まじめに受験準備をしていた小東は不合格で，"赤い服の男子"と"もう 1 人の女子は北京の大学に合格した。続いて，不合格の小東は憂鬱そうに屋上に立ってい

る。その時，2人の仲間が現われる。男子は手に北京のフライド・チキンを握っている。小東が紙飛行機を拾うと，それはフライド・チキンの包装紙で作ったものだった。紙飛行機には"小東がんばれ"と書いてあった。2人は揃って小東に向かって"僕たちは北京で君を待っているよ"と言う。小東はほほえんで，紙飛行機を空に飛ばした。」[17]

この広告が放送されると，たちまち一中国人ネット利用者が「ケンタッキーが放送している老北京鶏肉巻（ケンタッキー・フライド・チキン）の広告はあまりにも行き過ぎだ」というタイトルの文章を『天涯社区』（サイト名）の「時尚資訊」欄に発表した。その内容は，「皆さんは今回放送された広告を見ましたか？老北京鶏肉巻のあれですよ。3人の高校3年生が大学受験を準備していて，2人がKFCを食べて，1人はまじめに勉強していてKFCを食べなかったら，何とKFCを食べなかった者は合格せず，KFCを食べて毎日遊んでいた男子は北京の大学に合格するのだ！私は自分が誤解したのだと思って，同僚と一緒に見てみると，皆で何回見ても勉強ぎらいが大学に合格するのだ。こんな広告のテーマは，あまりにも行きすぎではないか？」[18]というものだ。その結果，ただちに中国人ネット利用者の注目を集め，「わずか2,3日のうちに5万人以上の人々がこの文章を読んだ」[18]。大多数のネット利用者は，次々に矛先をケンタッキーに向け，あっと言う間にこのサイトにはネット利用者の批判の書き込みが充満した。以下に『天涯社区』から意見を拾ってみる。

① 「私はずっと，それはマクドナルドの広告だと思っていた。」（署名：灰色灰色）
② 「消費者を誤導し，欺くものだ！」（署名：weilanyitang）
③ 「頭がくらくらする。私はずっと食べた奴が不合格だったのだと思っていた。家に帰って，またよく見てみる。」（署名：zhangyi03118）
④ 「見たところ，私は全然わかっていなかったようだ。あの男は一日中，KFCを食べているだけで，不合格になり，最後に"僕たちは北京で君

第 3 章　21 世紀初頭中国における"問題広告"　　121

を待っているよ"というのは，彼が不合格だったので，北京に働きに行くんだと思っていた。」（署名：阿洛可可）
⑤　「私は N 回（何回も）見て，彼が何を演じているかがわかった。その前は，3 人が何をしているのかわからなかった。」（署名：oumijia）
⑥　「詐欺だ。国外のゴミだ！」（署名：沙棘汁）
⑦　「広告を作っている人の頭の水準が低すぎて，しかもつらの皮が厚くて皆の非難を何とも思わないので，こんなでたらめな広告が作れたんだ！ひどいもんだ！」（署名：1 藍色浪漫 1）
⑧　「私は，はじめは何だかわからなかった。わけがわからず，私の理解力に問題があるのだと思ったが，なんとあの広告を作った人に問題があったのだ。」（署名：shuo700）
⑨　「私は KFC を見て気持ち悪くなった。ちっとも食べたいと思わない。あんなに多くのゴミ同様の中国人がゴミ食品を喜んで食べるなんて，わけがわからない。」（署名：海魚飛鳥）

　以上 9 件の中国人ネット利用者の意見からわかることは，彼らはケンタッキー"激励篇"広告の内容ははじめはわからなかったのだが，上述の「ケンタッキーが放送している老北京鶏肉巻（ケンタッキー・フライド・チキン）の広告はあまりにも行きすぎだ」という文章の影響を受けて"理解"したということである。つまり，大多数の中国人が他人の煽動を受けやすく，中国人ネット利用者がこうした話題に強い興味を抱いているということが浮きぼりになった。
　上海ケンタッキー社は，中国人ネット利用者の怒りをしずめるために，「ケンタッキーは，若者が積極的な態度で生活に立ち向かい，成功しようと失敗しようと，くじけないように激励したのです。広告の中で，よく勉強した小東を不合格にした目的は，"意外な結末"が（消費者の皆様に注目を引きたい）ありうることへの注意を喚起することです。どうか皆さんが広い心で各種の文芸創作をご覧下さるようお願い致します」[17)] と釈明した。少なからぬ中国人ネット利用者は，なぜ「ケンタッキーをたくさん食べると大学に合格できるのか」[17)] と

質問し，上海ケンタッキー社は「広告中の3人の主人公は皆，ケンタッキーの愛好者です」[17]と回答したが，中国人ネット利用者は納得しなかった。

しかし，中国の広大な市場から考え，上海ケンタッキー社は中国人ネット利用者の意向に従わざるを得ず，"激励篇"広告を部分的に改訂した。改訂後の広告では，「小東は親友の電話を受け，彼らが自分と同じように大学に合格したことを知った」[17]というもので，改訂後の新しい"激励篇"広告は，2006年4月18日から改めて各地でテレビ放送を行なった。

マクドナルドの広告であろうとケンタッキーの広告であろうと，最後の運命は同じであった。中国市場から得られる利益のために，意見のある中国人ネット利用者には頭を下げざるを得なかったのだ。外資系企業は，中国人ネット利用者の外資広告に対する監督力を無視するわけにはいかないことを意識せざるを得なくなっている。

3　歴史上の人物を登場させる"問題広告"

3.1　「屈原ビール」問題広告

湖南テレビ局のニュース・チャネルは，2004年9月初めから長沙のビール会社が出した「屈原広告」を放送しはじめた。広告内容は，「屈原は憂いにみちて江のほとりに立った。路は漫漫として遙かに遠い。我は上下して求索せん[捜し求める]（はるばる遠く長い路をのぼり下ってわがよき人[賢君]を捜し求めよう）」[19]と言いながら，江に飛び込む姿勢をとる。その時，屈原のうしろに座っていた洒脱なかっこうの現代の若者が屈原に語りかける。「人がみんな死んだら，あなたはそれでも求索することができるんですか？」その結果，屈原は愁いをとき，この現代の若者と地面に腰をおろし，胸襟を開いてこの会社のビールを痛飲する」[20]というものだ。

この広告が放送されると，ただちに少なからぬ視聴者から非難の声が起こり，このような歴史上の有名人を広告に利用してはならないと主張し，中国政府の関係部門にこの種の広告を禁止するよう提案した。あるネット利用者は，ただ

ちにサイトに「このビール広告は，とんでもない。屈原のイメージは，侮辱されてはならない」[21]と書き込んだ。この広告は，広範な中国人民の敏感な神経を逆なでした，というのだ。なぜなら，屈原は「中国民族精神の一部であり，それ以上に中華民族の伝統的美徳のよりどころであり化身であるからだ」[22]。それゆえ，中国社会各界の非難を引き起こしたというわけだ。

(1) この広告を批判する議論

2004年9月15日，『新華網』記者の段世文が携帯を利用した消費者調査によれば，多数者はこの広告は「歴史的人物に対して極めて敬意が乏しく，無責任で，大衆を騒がせて甘い汁を吸おうという傾向がある。屈原は全国人民の敬慕と熱愛の対象であり，このように"屈原自殺"を大々的に広告にするのは，全国人民の感情に対する冒瀆であり，青少年の歴史的人物に対する認識に危害を及ぼす可能性もある」[21]。2004年9月15日『舟山網』(サイト名)で広告業界の人間と自称している人物は，次のように言っている。「歴史・文化の有名人を広告に使い，しかも内容が極めて不真面目だ。この種の行為は，『広告法』中の"社会の良好な気風に違背してはならない"という規定に違反している」[23]。

2004年9月22日『深圳商報』が行なった読者アンケートによれば，「85%の読者は，この広告が屈原の愛国精神を冒瀆しており，悪しき影響を生み出しやすいと批判している」[24]。

屈原は，中国の歴史教科書の中で，「真理を堅持し，死すとも屈せず，祖国を愛し人民を愛した偉大な愛国主義詩人」というイメージがつくりあげられているので，少なからぬ中国人はこの広告が国民の感情を傷つけ学生を誤導するのではないかと心配しており，ある人は『深圳商報』の"你说我说(あなたと私の意見)"欄第551号に教師馬麗と署名し，次のように言っている。「子供がこの広告に耳がなじんだころ，先生が再び屈原の物語をしたら，彼らは"テレビの屈原はどうして教科書と違うんですか"と質問するに違いない。そういう困った事態に，私たちはどうしたらいいんでしょうか？」[24]。

また，広告界人士梅林という署名の人物は，こう書いている。「もしも私た

ち広告人が屈原など歴史上著名な愛国的人物を"広告に使う"とか，はなはだしきに至ってはわが民族の優秀な歴史・文化や伝統的美徳を踏みにじってこと足れりとするところまで恥知らずになっているのなら，中国広告人の恥辱に止まらず，わが民族の悲哀である」[24)]。

「屈原広告」が「愛国主義」と関連するという考え方は深く中国人の心に根をおろしており，この種の広告は簡単には大衆に受け入れられ許されたりはしないようだ。

「屈原広告」は「中華民族」の愛国思想と関連しているとの理由で，少なからぬ企業界の関心と不満を引き起こした。2004年9月17日，上海北極絨(じゅう)公司（ビロード会社）は他の企業と連名で中国工商管理局に投書し，次のように提案した。「誰もが知っている歴史愛国人物のイメージを守り，商業広告に勝手に歴史をくつがえさせたり，解体させてはならない。屈原，岳飛，文天祥，戚(せき)継光，袁崇煥(えんすうかん)，史可法，林則徐など愛国7君子を商業広告のおふざけの対象とすることを禁止するよう提案する」[25)]。

(2) 広告批判への反論

「屈原広告」はメディアで披露されたのち，以上に見たように各界の強力な批判にさらされて，放送は中止された。しかし，にもかかわらず，この広告に関しては反対だけではなく，賛成の声も起こり，議論の嵐が巻き起こった。

上海北極絨公司など企業界の投書内容は，少なからぬ人々の批判を引き起こした。

『深圳商報』「あなたと私の意見」欄第551号で一期刊編輯沈語という署名の者は，「『愛国君子』の範囲は，いったいどういう基準なのか？愛国人士については冗談はいけないと言うなら，曹操，諸葛亮(しょかつりょう)，ジンギスカンのような歴史上の英雄は，冗談の対象にしてはいけないのか？」[24)]と言っている。

山湖居読者迪迪という署名の者は，「わが国幾千年の歴史に出現した愛国人物の名簿は，どのくらいの長さになるのか？さらには，魯班，扁鵲(へんじゃく)，黄道婆といった人々は，愛国人物とは言えないか？同様に重大な貢献をしているが，保護の列に入るべきなのか？」[24)]と言っている。

第 3 章　21 世紀初頭中国における "問題広告"　125

図 2　　　　　　　　　　　　図 3

出所：『申報』1925 年 9 月 4 日。　　出所：『申報』1925 年 9 月 6 日。

　メディア工作者朱啓禧という署名の者は，「この広告はでたらめだが，だからと言って保護名簿を作成することに賛成だというわけではない。歴史上の愛国的人物は当然尊敬されるべきだが，それは彼らを神棚に祭り上げなければならないということと同じではない」[24]と言っている。
　また，2004 年 9 月 22 日『深圳商報』が行なった読者アンケートによれば，「6 割の読者は，歴史上の著名人のために"保護名簿"を作成する必要はないと思っている」[24]という結果だった。
　中国はずっと愛国主義思想を教育の土台としてきたので，賞揚された愛国的偉人は古代と現代，実際に存在した人物と架空の人物を含めて数えきれないだろう。14 億の中国人が認める愛国的偉人の名簿をどうやって決めるのかということは，中国政府にとっても永遠に達成できない課題だろう。
　ところで，中国の近現代史をひもとくと，実は 20 世紀初め以来，中国商人は国産品愛用運動を提唱し，中国の偉人の肖像が商品に印刷されてきたのであ

る。

　図2のように，1925年9月4日，中国三興煙草（タバコ）有限公司が『申報』に掲載した"中山印香煙（タバコ）"広告には，当時，尊敬されていた「民族偉人」孫中山の肖像が，このタバコの包装紙に印刷され，広告文には「国貨（国産品）提唱は救国の唯一の方策」[26]と書かれている。図3では，図2と同じく孫文の肖像があるほか，宣伝文は"中山（孫文）"の2字を対句に用い，「巍巍乎中山先生之像，傑出哉中山牌之香煙（巍巍たるかな中山先生の像，傑出せるかな中山印のタバコ）」[27]というものである。その目的は，一般中国人が偉人を尊敬している気持を利用して消費者をとりこみ，このタバコを吸うことは偉人に対して尊敬の念を表わすことに等しい，と思いこませることにほかならなかった。

　以上2社のタバコ会社の広告を現在中国で発生している屈原ビール広告と対比してみると，中華民国時代の中国人は企業が偉人を利用して商品広告とすることについて，それが偉人に対する不尊敬であるとは考えず，あるいは侮辱することにつながるとは考えていなかったのである。

　上述の中国三興煙草有限公司の中山印香煙広告のほかに，中国華美煙草公司も中国の歴史上の標準偉人と見なされている人々を選んで，同社のタバコ広告活動の訴求（アピール）手段としており，中国の有名人たちに選挙人と開票立会人となることを依頼し，それによってこの偉人を選んだ信頼度の高さを強調した。

　また，1935年1月31日『申報』には，「中国の歴史上における標準的偉人の発表」[28]という広告が載り，その広告には，選ばれた中国の歴史的標準の偉人の名簿には，第2章に述べたように「公孫氏［黄帝］，姒文命［夏禹］，朱元璋［明太祖］，孫文，姫旦［周公］，孔丘［孔子］，孟軻［孟子］，諸葛亮，文天祥，王守仁，史可法，管仲，王安石，林則徐，班超，岳飛，戚継光，鄭成功，石達開，屈原，司馬遷，顧炎武，詹天佑，卜式，宋教仁，蔡鍔，孟母［孟軻の母］，花木蘭，岳母［岳飛の母］，秋瑾」が含まれていた。これらの選ばれた中国歴史の標準的偉人の肖像は，すべて広告の宣伝文の中に印刷されていた。

図4

出所：『福州新聞網』2006年10月9日。

3.2 "屈原牌飼料"問題広告

2006年10月初め，"屈原がビールを飲む"問題広告がまだ中国各界で熱烈に討論されていたさい，福州市民朱旭芳は，住んでいる家の付近で，清掃夫が着ているTシャツの背中に「湖南名牌　屈原牌飼料（湖南のブランド屈原印飼料）」（図4）という文字がプリントされているのを発見して，ただちに写真をとって福州晩報に送った。同紙は「"屈原"がブタの飼料になったとは」[29]を写真のキャプションとして『福州新聞網』で流して広がり，中国のネット利用者がネットで至る処に貼りつけた結果，"屈原牌飼料"Tシャツ広告問題は大騒ぎになり，中国の当局，民間およびネット利用者など各界の論戦の焦点となり，賛否両論が巻き起こった。

（1）この広告への批判意見

湖南省岳陽の屈原科技発展有限公司が生産した飼料が"屈原牌飼料"と命名されていたことは，メディアが披露したのち，まず屈原の故郷の湖北省秭帰県郷民の批判を呼んだ。彼らは，「屈原は歴史・文化の有名人であるばかりでなく，中華民族精神の一種の代名詞であるのに，どうしてブタの飼料の名前にし

てよいものか？」[30)]と語った。

　2006年10月10日，湖北省秭帰県屈原文化研究会は屈原の同郷民の代表として工場に手紙を送り，この種の"先賢を冒瀆"する行為に強い不満を表明した。

　湖北省宜昌市文連（文学芸術会連合会）副主席王作棟および秭帰県文連主席周凌雲らはこのことを知ったあと，大変驚き，憤慨した。彼らは，「"屈原"を用いてブタの飼料を商品登録するのは，歴史・文化に対する不尊重であり，屈原出身地の人間は感情的に受け入れられない」[30)]と表明した。

　当地の住民趙氏は，屈原は湖北省宜昌秭帰県の出生なので，同地方の人々の敬愛を受け，皆は屈原が同郷であることを光栄に思っていたので，「"ブタ"は宜昌では，ふつう人を罵しる言葉だ」[31)]と述べた。屈原とブタがいっしょくたにされるのは我慢ができない，というわけだ。

　少なからぬネット利用者も，筆誅を加えた2006年10月18日，百姓胡声というネット利用者は"屈原"がブタの飼料の商品名になったことについて，サイトに「"屈原"がブタの飼料の商品名となったことによる四重の拷問」と題する文章を発表し，業者が4種類の罪を犯したと，次のように批判した。

「一．「先聖屈原への冒瀆」。屈原は中国の傑出した政治家であり，愛国詩人なのに，ブタ飼料業者は彼をブタの飼料の商品名にし，広告用のTシャツをつくった。屈原は死んでも瞑目（めいもく）できないだろう。

二．「伝統文化への侮辱」。屈原は万里の長城が歴史を支えてきたように中華民族共有の文化精神であり，公共の資源，文化的ブランドとなっており，彼を自分が利用したいように利用する資格は誰にもない。

三．「現行法律の悪用」。現行の「商標法」は人の姓名を用いて商品登録することを認めており，有名人の姓名を使うことを禁止する規定もない。これは，現在，多くの文化的著名人が被害に遭う主な原因だ。

四．「恥知らずの関係部門」。商標登録部門は，屈原が人格権のない故人であることにしか注意しておらず，社会主義の道徳気風が害されて

いるか，あるいはその他の悪影響があるのを無視している。」[32]

この広告批判意見には，少なからぬネット利用者が賛意を表明した。まず『新浪網』2006年10月19-20日に載った論点を見てみよう。

① 「これらの商人は，利益のためなら何も顧みない。もっと憎むべきは関係部門で，どうして先を見る，大局から見て商標申請を拒絶する人が1人もいなかったのだろうか？」（署名：古軒）
② 「このような先賢がブタのエサにしかふさわしくないのなら，彼の先人はブタや犬にもしかないのだろう！」（署名：落難客）
③ 「ひとつの民族を冒瀆した。この民族は中華という。」（署名：926的天空）
④ 「工商部門が文盲に握られていることの必然的結果だ！」（署名：西風痩竹）
⑤ 「道徳が廃れ，国体をはずかしめた。愛国者に対してこんな尊敬の表現をするのか？」（署名：簡直不像話）
⑥ 「先人を人とも思わぬこうした人を憎む。これは屈原に対する侮辱であり，みずからの祖先と文化に対する侮辱である。」（署名：浅紫雲児）
⑦ 「こうしたくたばりぞこないの奸商！くたばりぞこないの工商行政職員！奴らをブタに食わせればいいんだ。」（署名：巴山蜀水）
⑧ 「まず工商局の審査し，批准した奴の罪を問わなければならない。奴は文盲でゴロツキであるだけでなく，正真正銘のクズなのだ。」（署名：中国悲哀）
⑨ 「この商標を審査批准した"国家公務員"の大脳は，おそらくブタにかじられたことがあるので，いそいそと批准したのだろう！」（署名：東海水手）
⑩ 「これは，中国の幹部なのか。汚職野郎！」（署名：海盗之間）
⑪ 「これこそは，国民の悲哀だ。"金"のためなら先祖もいらない，メン

ツもいらないなんて！文化を失うのは民族を失うことだ。」（署名：yuehu）

　このほか，学者の中にも「屈原牌飼料」問題で広告に対する反対意見を発表した者がいた。たとえば，中国社会科学院社会学研究所教授の樊平は，こう述べた。「屈原のような文化人を商標にするのは，その経済的利益を考慮しなければならないだけでなく，さらにその社会的利益も考慮しなければならない」[33]。彼は，屈原は特定の愛国の象徴であり，ブタの飼料は「屈原」が含む価値を担い切れないので，屈原と飼料を結びつけることは受け入れられないと述べた。

　以上の中国のネット利用者の各種論調から，湖南岳陽屈原科技発展有限公司の「屈原牌猪飼料」が多数の中国人によって批判されている主要な原因は，中国人が「ブタ」に対してふつうに持っている蔑視感から来るものであることがわかる。この現象は，『西遊記』の中の猪八戒が作者呉承恩によって，怠惰で大食いで好色と描き出されていることから明らかである。昔から，"ブタ"は中国人の目からすると，ずっと低能，愚かおよび汚いなどの代名詞であり，一部の中国人は，ふだん，人の頭がよくないことを罵るさい，「猪脳袋（ブタの頭）」，「ブタみたいに愚か」といった言葉を使用する。怠惰であることを罵るさいにも，「ブタみたいになまけ者だ」と言う。きれい好きでないことを罵るさいにも，「ブタみたいに汚い」などと言う。それゆえ，いつの間にか一般民衆は「ブタ」に対してよからぬ印象を強めてしまったのだろう。とはいえ，「ブタ」が中華料理の食材の中に占める地位は，他のもので取って代わることのできないものである。これは，「ブタ」が中国人の好物であり，ブタ肉を食べる以上，彼らが低級と見なしている「ブタ」を高尚で偉大な愛国詩人屈原と一緒にすることはできないという考えには批判の余地があるだろう。

　(2) 広告批判への反論

　これらの広告批判に対しては，反論が出された。希伯氏という署名のネット利用者は，次のように反論している。

「屈原を侮辱しているか否かについてはさておき，ブタの飼料を侮辱したことは確かだ。屈原の名声は大きいが，どれほど中国の進歩に寄与したかは，はなはだ疑問だ。『九歌』，『離騒』といった作品は，いったい何人が読み，どんな影響を生み出したのかわからない。屈原は，文人が江に身を投ずる代表，憂鬱派の創始者と言ってよいが，人の手本となる積極的な思想・行動ではない。それに反して，ブタはすごい。中国人の生活は，ブタ肉を離れることができようか。もし屈原の年代に，われわれがブタの飼料を生産，使用することを知っていたら，5千年の悠久の歴史も衣食充足問題に悩まされ，今日まで恥を引きずることもなかったのだ。多くの人が問題としていることは，白眼で天を仰ぎ，真実ならざること，大，空，虚偽であればあるほどよいとし，[鄧] 小平同志の，足を地につけ実事求是であれという繰り返しての教導を忘れているのだ。頭の脳味噌（原文「漿糊」，「ノリ」の意）はどろんとしていて，一面では口はブタ肉から離れられないのに，一面では言葉でブタ肉をひどく蔑視し，一面では屈原を擁護し，犯してはならないと言っているようだが，一面では屈原の作品なんて読んだこともなく，自分が中国の文化をはずかしめていることを直視せず，満足しているのだ。さらには，他人の実業報国（実業によって国に報いる）の苦心・努力が気にくわないのだ。"漿糊（ノリ）"と言えば礼儀正しいが，実は無知でバカ（糊塗）なのだ（「糊」をかけている）。屈原がもし事の道理に明るい人なら，きっと喜んで農民を援助し，皆に美味しいブタ肉を食べてもらおうとするだろう。」[34]

さらに，この広告への賛成意見としては，次のようなものがある。①—⑥は『新浪網』2006年10月19日からで，⑦は同サイト2007年1月5日からである。

① 「飼料の品質がよいものでありさえすれば，屈原だって喜んで商標となるだろう！彼を侮辱してはいない。」（署名：中国人）

② 「ブタが食べたいなら，飼料の名は大雅を傷つけず，黄色・反動でさえなければ，何を反発することがあろうか？いわんや，屈原が気にしたりするわけがない。かくのごとき忠義の士が，どうしてささいなことで大騒ぎしたりすることがあろうか？」（署名：早児）

③ 「屈原は，地名として12年前に商標登録したものである。岳陽では，ある地域を屈原行政区という。もとは屈原農場といっていた。この会社の前身は，屈原飼料廠（工場）といった。これは12年前には大変正常なことだった。」（署名：来点正式資料）

④ 「私は，あなたがブタ肉を食べたことがないなんて信じられない。」（署名：WU）

⑤ 「ブタの飼料は，そんなにひどいものだろうか？ブタと結びつけると気持が悪くなるのだろうか？そんなにブタを軽蔑しなくてもいいのでは。ブタだって愛すべき動物だ！われわれはそれを食べるのだから，もっと尊重すべきだ！私は，メーカーが"屈原"の名を用いて商標をつくったことにはいかなる侮辱の意図もなかったと思う。商業意図のためにすることは何ら称賛に値することではないとはいえ，こんなに厳しい態度をとるべきことでもないし，少なくとも彼らも"屈原"が大衆の心理の中でいかに重要な位置を占めているかは知っていただろう！」（署名：毛二）

⑥ 「別にどうということはない。屈原印のブタの飼料を五大洲に売れれば，なおさらよいことだ。外国の友人にもわれわれの偉大な詩人を知ってもらえば，いい宣伝になるのだから！」（署名：秋林夕陽）

⑦ 「屈原の名を飼料の商品名にしたからといって，あなた方がここで無駄話をしているのは，あなた方が飼料を見下していることを示しているにすぎない。もし屈原の名で高度科学技術の商品，たとえば，パソコン，飛行機を商品登録するなら，反対する人はいないはずだ！」（署名：飼料先生）

ネット利用者の批判の嵐の中で，湖南岳陽屈原科技発展有限公司事務室主任の羅湘（ら しょう）は，「"屈原牌飼料"は湖南岳陽屈原科技発展有限公司が1999年に湖南工商部門に商品登録したものであり，工商部門認定を得た合法商標であり，さらに"2004年湖南省著名ブランド"の認定も獲得している」[33]ことを対外的に明らかにした。岳陽市工商局商標科の職員も，「"屈原"と命名されたブタ飼料は『商標法』の規定に違反していない」[35]と述べた。

　"屈原牌飼料"は「商標法」の規定に違反していないので，羅湘はネット利用者に反論し，「これらの批判をしている人々は無知で，暇をもてあまし，することがないのだ！この名を飼料に使っても，屈原本人と現代人のいずれにもいかなる影響もない。私も屈原がブタだとは言っていない。ただ暇をもてあましているだけではなく，無知なのだ。『中国工業網』（サイト名）の文章については，もしわれわれの販売に影響が出たら，私は裁判に訴えるつもりだ」[33]と語った。羅湘は，反論の中でネット利用者を告訴することもありうると警告したわけだが，これは中国ではじめて業者がネット利用者に強硬な態度をとった事例と見られる。

　上述の羅湘の説明および反論のほかに，岳陽市飼料事務室主任竜偉も"屈原牌飼料"を支持し，「当地の"屈原"には，さらに白酒，粽など多数の商品があり，それらが飼料になっても何ら不都合はない」[33]と述べた。彼らは反問して，「屈原の名で酒をつくってもよいが，飼料をつくってはいけないのか？」[33]，これは観念の問題であって，ブタが食べるものと人が食べるものには，何の区別もないのだ，と述べた。

　2006年10月30日，「屈原牌飼料」問題の論争について，宜昌市文連副主席王作棟，秭帰県委宣伝部副部長王融，秭帰県屈原文化研究会秘書長秦暁梅は，湖南省長沙市委宣伝部の要請に応じて長沙テレビ局の「理があれば皆で語ろう」という番組に参加した。この番組は同年11月6日に放送された。この番組は「屈原牌飼料」について討論を行ない，100余名の視聴者に対して調査を行なったところ，そのうち，「ブタの飼料に"屈原"の名を冠することに賛成は24％，反対は76％だった」[35]。

「屈原牌飼料」反対が大多数を占めたので，中国国家商標評審委員会は「法人の主体的地位にある単位（機関）が撤回を申請すれば，関連証拠を収集したのち，当該部門は特別措置をとり，最速のスピードで取り消す」[35]と表明した。『光明日報』の報道によれば，2006年11月5日の現時点で，中国国家商標評審委員会は「屈原牌飼料」の商標登録取り消し手続を進めているところとのことである。もしも「屈原牌飼料」商標が本当に取り消されるなら，中国人民の「世論」が「商標法」を超越したことになり，今後，中国政府が制定した各種の法律・条例は，中国国内企業あるいは外資企業の信任を得られなくなる可能性があるという問題が生まれた。

4　中国国内の医薬，保健食品類の"問題広告"

21世紀の中国経済発展の勢いは，高まりこそすれ下がることはないようだ。外資系であれ中国の各業種であれ，日々発展する盛況にある。その中でも最も世相を反映するバロメーターである広告産業は，ますます繁栄しつつある。

中国広告市場では，医薬，保健食品など国民の健康と密接な関係にある広告が最も多く登場し，しかも抜け目なく各種のメディアを利用して広告宣伝活動を行なっている。2005年8月29日『環球時報・生命週刊』の毛寿竜記者によれば，「最近では，テレビ，新聞，バスなどに各種の医療広告が溢れており，これらの広告は食品や不動産などの広告を遙かに上回っている」[36]。このことは，この種の広告がすでに中国の各大メディアの不可欠の財源となっていることを物語っている。

問題は，この種の広告が往々にしてその効能を誇大不実に，あらん限り標榜することである。世界各国の名医でさえ治せない病気でも，彼らは必ず治せると称する。2006年10月26日の新華社によれば，「現在，一種はなはだ奇怪な現象がある。治癒の難しい病気であればあるほど，たちどころに治せてしまうのだ」[37]。この種の違法広告の氾濫による災害について，一部の中国有識者は中国の医療広告市場がすでに抜け出すことのできない混乱期に陥ってしまった

のではないかと憂えている。

　その他の品目の広告と比べた場合，医薬，保健食品の広告の違法の比率はどうなっているのだろうか？こうした問題については，中国のような国では正確な数字を得ることは困難である。筆者は，2001年に(株)日経リサーチ取締役・花上雅男氏に，中国でアンケートをするお考えはないかどうか打診したところ，花上氏はただちに，「中国では有効で正確な調査数値を出すことは不可能だ」とお答えになった。彼が言うには，中国人は意識形態の点でまだいかなるアンケートも受け入れる水準には達しておらず，たとえ無理矢理やっても真実とはかけ離れた結果となるので意味がないとのことであった。筆者も，花上氏の見方に同感である。学者，専門家ですら実事求是の姿勢が欠けているという事態がないとは言えないのなら，いわんや一般の民衆においておやである。

　学者・専門家の実態を示す一例をあげるなら，中国伝媒（メディア）大学広告学院院長黄升民は2005年7月，2005年6月出版の『広告教育のポジションとブランドの創出』（原題：張樹庭『広告教育定位与品牌塑造』中国メディア大学，2005年6月）に序を書いている。彼は「軽率な専攻課程と軽率でない研究」というタイトルで，冒頭，「2004年，中国では大学に広告の専攻課程はいくつ置かれているのだろうか？私の手もとには正確な数字はない。ある人は300余だと言うが，本書は200余であると言う」[38]と書いている。中国の広告専門家の数字に対する判断は，八百屋の大根の値段のようで，他人は300円と言っているが私は200円だと言っているかのようで，「200余」という数字の根拠が示されていない。さらに，同書の出版年月は「2005年6月」だが，黄氏の序は「2005年7月」なのだ。中国の広告関係の単位（団体）数もはっきりしておらず，中国には今に至るも全国の医療，薬品，保健食品の広告の違法率に対する全面的で正確な調査をする単位（団体）はない。専門家，学者ですら調査をおこたっており，各単位間で互いに情報交換をして助けあうこともしていないのである。そこで，本章では，以下のいくつかの新聞報道を参考材料とするしかない。

① 中国薬監部門によれば，2003年，「中国全国の一部の医学薬学刊行物に掲載された広告について検査を行なった結果，36％が違法広告であることが明らかになった」[39]，2004年12月2日『人民日報』報道も，中国医学薬学専門刊行物に掲載された薬品広告に少なからぬ違法現象が存在する，と指摘している。

② 福建省工商局が発表した2003年の違法広告の数値によれば，「医療広告の違法率は40％に達しており，保健食品広告の違法率は50％以上に達しており，薬品広告の違法率は平均70％に達している。」[40]

③ 『人民日報』の富子梅記者が明らかにしたところによれば，「2004年1-9月に全国45チャンネルあるいはテレビ局が放送した3万余回の広告の違法率は62％に達し，6-8月に全国98紙の新聞に掲載された7315回の薬品広告の違法率は95％に達している。」[39]

④ 浙江省広告監測センターが明らかにしたところによれば，「2005年，同省の新聞68紙，30局の主要なテレビ局チャンネルと杭州の10局の主要テレビ局チャンネルおよび一部のサイトなどに対し，重点的な監視を行なったところ，監測したのべ61.73万余の広告の中でのべ2484回の違法広告を発見した。」[41]

中国政府が1994年に制定した『広告法』の明文規定には，「広告は虚偽の内容を含んではならず，消費者を欺瞞・誤導してはならず，さらに専門的に規定された薬品および医療器械の広告は非科学的な効能，断言あるいは保証を含んではならず，治癒率あるいは有効率を標榜してはならず，医薬科学研究単位，学術機構，医療機構あるいは専門家，医師，患者の名義および肖像を利用して証明等をしてはならない」[36]とあるにもかかわらず，以上の各種の数値が示しているように，中国各地の主要メディアに掲載されたこの種の広告の違法率は相当程度高い。そのため，2006年8月1日，中国国家広播（放送）電影（映画）電視（テレビ）総局（略称，広電総局）および工商総局は連名で，5種のテレビショッピング番組の「放送禁止令」を発表し，「薬品，医療器械，豊胸，ダイ

エット，身長増加商品等のショッピング広告の放送を暫時停止する」[42]こととした。続いて，国務院も2006年8月から2007年7月まで，「全国的範囲で薬品市場の秩序を整頓し規制する専項行動（専管事項対策特別行動）を展開する」[43]という決定を行なった。その中には，国務院の"専項行動"に関わる内容が以下のように述べられている。

「① 薬品，医療器械広告審査制度を厳格に施行し，審査・批准の透明度を高めなければならない。
② メディア広告の掲載行為に対する監督，管理を強化し，メディアの虚偽違法広告に対する責任追及制と業界自主規制を確立する。
③ 薬品，医療器械広告に対する監視力および広告主，広告経営者，広告発表者等広告活動主体に対する監督・管理力を強化する。とりわけコンサルタント業およびテレビショッピング番組中の広告内容に関する監督，管理を強化しなければならない。
④ 違法広告に対する制度および広告活動主体の市場退出規制を確立する。」[43]

中国国務院の"専項行動"発表後，さらにいくつかの関係機関も陸続と以下のような各種の新たな違法広告管理規則を発表した。

① 2006年11月1日，新聞出版総署と国家工商総局は連名で，「新聞雑誌が一部の種類の広告掲載を禁止することに関する通知」を発表し，2006年11月1日よりすべての新聞・雑誌等の出版物について一律に「猥褻，迷信，色情内容あるいは格調の低い広告を掲載することを禁止する。不健康な内容のラジオ・テレビ広告を放送することを禁止する。賭博技術を紹介する広告を掲載することを禁止する。自動車の暗証番号解読器，万能鍵，麻酔専用薬等の犯罪に用いられる各種の技術の広告を掲載することを禁止する。性生活能力および性生理器官の機能を高めた

り，増強したりする内容のものは，薬品，保健食品，消毒およびその他の生活用品の広告の中に出現してはならない。軍隊の組織あるいは軍隊の人員の名義，肖像をもって，あるいは軍隊の装備，施設を利用して，薬品，医療広告宣伝を行なうことを禁止する。軍隊特需薬品，軍隊医療機構が調合した製剤について広告宣伝を行なうことを禁止する。」[44]

② 「尖鋭湿（AC，性病の1種），梅毒，淋病，軟下疳（性病の一種）等の性病，乾癬，エイズ，癌症，癲癇（てんかん），B型肝炎，白斑，狼瘡紅斑等の疾病治療広告，無痛人工流産治療を含む」[45]12項目の新聞掲載禁止広告について，「医療広告管理辦法」の修正ののち，すべての新聞・雑誌等出版物は新たに規定された「辦法」（方法）に従ってのみ広告を掲載できることとなった。

③ 国家工商総局広告監管司司長の屈建民が明らかにしたところでは，「テレビ広告は真に合法的でなければならず，もしもその他の広告が絶対化言語，虚偽内容，低い格調を使用して消費者を誤導していれば，取締りの範囲内となる」[42]とのことである。

しかし，広電総局・国家工商総局が連名で2006年8月1日より，あらゆるテレビは薬品，医療器械，豊胸，ダイエット，身長増加商品等のテレビショッピング番組の放送を暫時停止すると発表した当日，なおも12テレビ局が引き続きこの種の広告を放送しており，しかも一部のテレビ局はさらに「3日間連続して繰り返し豊胸，ダイエットの類の広告を放送していた」[46]。広電総局は，ただちにこれらのテレビ局に対して警告し，整理改善を命じたが，テレビ局は広電総局といたちごっこをし，放送時間を変更して統制を免れただけだった。こうした事例は一例に止まらず，同年8月5日，広州テレビ局も「足の長い美女はあなたです。ふしぎな靴，歩きながら痩せられる靴」[42]という「痩せる」運動靴広告を放送した。この日，江西と江蘇のテレビ局でも，以前，上海市工商局によって放送禁止とされた「娜拉娜（ナラナ）繊体（スマート）収腹（腹部を細くする）」広告が出現した。

このほか，ダイエットや豊胸美容商品広告も広電総局，国家工商総局連名で"放送禁止令"を発表すると，ただちに広告をテレビからインターネットに移し，市場ではとっくにお蔵入りしている"波麗宝"，"足下吸脂貼"などの不良商品広告もネットには氾濫した。また，『易趣網』（サイト名）のショッピングにも"脂肪吸引器"を紹介する広告があり，同商品は「効果が明らかで，1カ月使用し続ければ，体重を5-10キログラム減量し，ウェストを2センチ減らせる」[42]と宣伝していた。『淘宝網』（サイト名）では，「娜拉娜繊体収腹」の広告が載ったが，その広告内容は，「娜拉娜繊体収腹セットは，7日でウェストを細くできます。1回5分収腹セットを使用すれば，腹部の脂肪燃焼量はたっぷり60分のエアロビクスをしたのと同じ効果があり，効果の持続は顕著です。7日目では，ウェスト・腹部の皮膚は柔らかく，すべすべになってダイエットが達成され，その効果は驚くほどです」[42]というものだ。

以上に紹介した広告は，もともと中国当局によって放送を禁止されたものだが，いとも容易にインターネットに移動して引き続き誇大な広告宣伝活動を行なっている。ネットはこうした違法広告の主要戦場の1つとなっており，利益のために，各サイト経営者もこうした利益の高い違法商品広告を大いに歓迎しているのである。

さて，中国のこうした違法広告の責任は，いったい誰に帰すべきなのだろうか？以下に各関係者の言い分を見ていこう。

(1) 監督官庁

福建省工商局広告監督管理処の郭処長は，「違法広告の大量の中継放送という事態は，広告会社と広告を発表しているメディアが主要な責任を負うべきである」[40]，「広告法」には明文規定があり，広告会社は広告内容について審査検討の義務を負っている，と言っている。

(2) 広告会社

これに対して，広告会社にも言い分がある。福建省のある広告会社の陳という経理（社長）は，『市場報』記者兪鳳瓊，徐志南のインタビューを受けてこう言っている。「広告会社の競争はすでに白熱化の段階にあり，省内多数のメ

ディアの医薬広告を代理している会社から言うなら，われわれの最も主要な仕事はあらゆる手段を駆使して広告を取り込むことである。広告が違法であるか否かは，広告主のことであって，広告会社はそんなことにかまってはいられない。」[40]

(3) 広告主

しかし，『市場報』報道によれば，「一部の広告主は，『広告法』の内容をあまり理解していないので，広告会社が彼らの依頼を受けつけた以上，広告の内容に責任を負う義務があると思っていると言っている。」[40]

(4) 放送メディア

メディアの経営者の言い分はこうだ。「福建省のあるメディアの副社長は，次のように考えている。現在，メディアの競争の最も重要な鍵は，広告の競争だ。完全に広告に頼って生存を維持し発展をめざしている新聞社にとっては，広告収入がなければ，一切の発展と壮大な構想は空にすぎない。時々は，われわれもこれは違法広告であり，この種の広告を掲載するのはメディアの良心に反すると知っているが，広告がなければ，新聞社は確実にやっていけなくなる。このような広告を掲載するのは，実にどうしようもないのだ」[40]。

以上に見たこれらの責任のなすりあいからわかることは，彼らの頭には利益しかなく，広範な消費者にいかなる悪影響を与えているかについては全然考慮していないということである。

「広告法」第38条の規定に基づけば，「虚偽の広告を発表し，消費者を欺き誤導することは，消費者の合法的な権益に損害を与えるので，広告主，広告経営者あるいは広告発表者が責任を負わなければならない」[46]にもかかわらず，こうした規定は往々にしていかなる抑止効果もあげていない。『新華網』記者秦佩華によれば，「事実上，広告収益への依存により，放送機関はあまり厳格に審査できず，それに加えてメディアに対する処罰はふつう通知に止まるからだ」[46]。このように，広告会社は自身の利益のために手段を選ばず消費者を欺く広告宣伝文を制作しており，メディアは自身の利益のために大衆の真実を知る権益を犠牲にしており，それに加えて中国政府の関係単位が打ち出した罰則

は象徴的な性格のものにすぎない。

　中国の広告市場は，このような劣悪な環境の中で引き続き成長しているのであり，中国の広告法規は違法広告の氾濫を全然根治することができず，ダイエット，抗ガン，各種リウマチ治療といった類の違法広告が法を無視して各種メディアに掲載され，その標榜するところは，「いかなる副作用もなく，根治し，治療効果はすばらしく，薬を用いれば病は癒え，治癒率100％，有効率100％である」[39]といったもので，「広告法」が禁止している語句がずらりと並べられており，これらの違法薬品の広告は中国社会に深刻な影響を与えている。その例をあげよう。

① 北京の住民が『人民日報』記者に語ったところでは，「私は最近，歯が痛み，テレビ広告の宣伝を見て歯痛をおさえる消炎薬を買って服用したところ，顔中におできができ，病院に行って検査してもらったら，医者は薬物が引き起こした過敏症であり，明らかにこうした薬は医師の指導の下で使用しなければならないとのことだった。」[39]

② 「ある病院の周医師は，言っている。彼ら［医師］は，よく次のような患者に会う。［患者たちは］薬の名をあげて何種類かの薬の処方を要求し，医師に病状を説明したがらず，広告の宣伝だけをきき，しかも医師が提示した薬物との間の相互作用についても，十分な注意を払おうとはしないのです。」[39]

　この2例だけでも，薬品の違法広告が一般民衆に誤解を生み出し，患者と医師の間の正常な協力関係を阻害していることがわかる。

　以上に述べた違法広告のほかに，病院の違法広告は中国社会に深刻な影響を与えている。一般民衆は専門性の高い病院にかなりの信頼を寄せているので，少なからぬ病院は一般人の病院に対する信頼や医療行為に対する無知などを利用し，はばかるところなく誇大不実でペテン的な広告を使って宣伝している。たとえば，北京建国医院が同医院のホームページで行なっている広告宣伝では，

各種の専門家の名義を使って患者を集めているが，実はニセ医者，ニセ医療専門家を利用して暴利をむさぼる医院だ，と指摘されている。以下，同医院がホームページに載せている医師紹介を見てみよう。

「于淑芬：于主任は漢方医の名門に生まれ，北京中医学院を卒業。1977年，優秀な成績で中日中医（漢方医）研究生班（大学院）を卒業。北京中医学会腎臓病学会理事，中日友誼医院中医主任医師，北京中医薬大学教授を歴任。1977-1988年，日本の東京大学附属病院に派遣され，医療に従事。あわせて日本の東京大学客員教授に招聘され，腎臓病の治療と研究に従事。用薬は巧みで，経験豊富。彼女が調合した神草益腎湯は急性・慢性の腎臓炎，慢性腎臓機能衰弱および各種腎臓病に独特の治療効果を示し，しばしば賞を受けた。于主任は漢方医学界でかなり高い権威であり，彼女の貢献は抜きんでているので，国務院の特殊手当を受けている。于主任はイギリス王家医院によって新腎臓を創造したエホバと呼ばれている。于淑芬が調合した"神草益腎湯"は世界衛生組織（WHO）の賞を獲得しており，アメリカ腎臓病専門家コール教授によって"腎臓病の患者の生命の天使"と呼ばれている。」[47]

ところが，『市場報』記者の調査によれば，このホームページが言うところの「"中日友誼医院"は存在していない。同医院と名称が似ている"中日友好医院"と"北京友誼医院"には，いずれも于淑芬という名の"中医主任医師"はいない。続いて，さらに北京中医薬大学に問い合わせたところ，"そういう人物はいない"との回答であった」[47]。『市場報』記者の言うところでは，北京建国医院が創造したニセ専門家は于淑芬1人に止まらなかった。

このほか，北京建国医院腎臓病専門科は，ホームページで同医院の医師の神技のような医術を宣伝している。たとえば，「協和医院のある科の主任周明は，今年54歳だが，1993年7月，末期尿毒症を患っており，心臓衰弱を伴っていることがわかった。当時，周明は顔面蒼白で，むかつき・嘔吐があった。検査

第3章　21世紀初頭中国における"問題広告"　143

によれば，肌酐［「酐」は「酸無水物」］（Cr）19mg/dl，尿素氮［「氮」は「窒素」］（BUN）126mg/dl，尿蛋白"＋＋＋"，血蛋白8gであった。彼は透析治療を受けることを望まなかったので，学友の紹介で于淑芬主任のところで漢方治療を受けることにした。周明の病状に基づき，于主任は"神草益腎湯"の一連の薬物を選用し，口服と足浴の薬に分けて周明の治療に用いたところ，わずか3日で周明のむかつきは消え，肌酐，尿素氮は急速に下降し，1カ月で周明の病状は顕著に好転して退院し，1年の治療を経て仕事に復帰することができた」[47]。

　ところが，『市場報』記者の現地調査によれば，協和医院には周明という人物はいなかった。北京建国医院腎臓病専門科の病人も実は捏造されたものであった。

　さらに，北京建国医院骨病治療センターもホームページで「『人民日報』，『中国老人報』の患者からの感謝状紹介」[47]を掲載しているが，『市場報』記者が1980年以来の『人民日報』，『中国老人報』を調べたところ，「患者からの手紙」という記事は見つからなかった。さらには，北京建国医院骨病治療センターが「多くの国際的な友人も感謝の手紙を寄せている」[47]と"国際的な友人の感謝"を宣伝している。同医院が「国際的な友人も感謝の手紙を寄せている」という宣伝文を打ち出したのは，明らかに外国に行ったことのない中国の民衆を騙すこと以外に，同医院のウソを調査しようとする単位（機関）が証拠を入手できないようにさせる意図があると見られる。

　その一方，北京建国医院の広告は果たして効果抜群で，少なからぬ患者が北京建国医院の広告を見たのち，千里の道を遠しとせず，広東，福建などの地から名声を慕ってやって来た。同医院は毎月診察しきれない数の病人を見ていると称しているが，少なからぬ患者は同医院の治療を受けたのち，騙されたと感じている。例をあげよう。

　① 「王建軍は同医院の広告を見て，名声を慕い治療を受けた。2004年8月23日，同医院の直腸科で手術を受けたが，医院が保証したようには

ならず，治療ののち，逆に退院後耐えられないほど痛みが激しくなり，さらには少なからぬ医療費を騙しとられた。」[47]

② 「北京通州区の曹氏は，B型肝炎の患者で，北京建国医院の"2004年国際肝臓病治療新成果臨床推進会"の広告に引き寄せられ，受診した。医者は彼に3,000余元の治療コースをすすめ，さらにいくつかの治療コースがあってどれでも治療できると告げた。しかし，曹氏は薬価をきいてびっくりし，そんなに持ちあわせていないので，薬はいらないと言うと，裴（ひ）という名の医師は"今持っている金額でそれに応じた薬を処方します"と彼に告げた。そこで彼は医者に疑いを抱いた。なぜなら彼は別の大医院で診断を受けたさい，医者は明確に彼に，この病気は治らないと告げた。しかもいくつかの治療コースもこんなに多額ではなかったのだ。」[47]

　しかしながら，中国の民衆はただちに病院に騙されてしまい，大部分は運が悪かったと思うか，あるいはせいぜい別の病院に行って引き続き治療を受ける以外に手がないのである。中国の監督管理単位もおそらくこの種の高利益にとりこまれてゆく可能性があるので，『市場報』の報道によれば，同紙記者は前後2回にわたって北京市朝陽区衛生局に行って北京建国医院の違法問題について同局主管指導者にインタビューを要望したが，得られた回答は「主管の指導者は不在で，わからない。インタビューを受けることはできない」[47]というものだった。こういう現象は，中国の関係機関のかばい立てが違法医院の存在を促進する重要な原因の1つなのではないかと疑わざるを得なくさせている。

　2006年8月15日，北京市消費者協会は再三繰り返されている違法広告に消費者が騙されないよう呼びかけるため，公開で社会に対して消費者の生活に相対的に密接な"ダイエット，美容，保健品"といった類の虚偽の広告の情報を一般から寄せてもらい，しかるのち，「薬品，食品，広告，医療，美容，栄養，運動などに関係する行政管理部門および専門家を招いて一般から寄せられた186件の広告に対して評議してもらう」[48]という企画を実行した。その評議の

基準は，「誇張された表現，内容が実際からかけ離れている，ウソをデッチあげている，捏造，非科学的，消費（者）を誤導している」[49]が主たるものであった。以下に，そこで評議された5件の違法広告および評議の内容を紹介する。

① "繊美麗保健食品"の広告には，「脂肪を溶かす。氷がとけて水になるように，2カ月服用すれば，400-700億個の脂肪細胞を排出できる」というものだ。この広告は，中国栄養専門家学会常務副秘書長賈健斌によって，「誇張された表現，非科学的，消費者への誤導」と指摘された。

② "鳳顔閣服務機構"の広告内容は，「急所を押さえて脈を通じ，3日で豊胸できる。緑色繊体美療（スリム美容）は，任意に部位を指定しダイエットを行なうことができる。その場ですぐに効果がでる」というものである。この広告は，中国医学科学院整形外科医院主任の王連召によって，「悪徳医療の疑いがある」と批判された。

③ "火缶減肥（吸いふくベダイエット）創始人――龔長芳服務（サービス）機構"の広告内容は，「発明した吸いふくベダイエット法は，まず自分の身体で試したのちに販売したものです」としている。この広告は，北京市衛生監督所副科長の郭麗によって，「非科学的な研究方法で，その結論も非科学的であり，真実性を備えていない」と指摘された。

④ "減肥口香糖産品（ダイエットガム商品）"の広告内容は，「B2UP（痩素酶）[「酶」は「酵素」]は，食物中の糖と澱粉に取って代わり，分解できる。糖をもって糖を養い，ふとる心配がない。食前食後にちょっとかめば細腰になる」というものだ。この広告は，首都体院生理生化教研室副教授の洪峰によって，「混乱した概念で，消費者を誤導する」と批判された。

⑤ "電脂機運動器械（脂肪吸引運動機）"の広告内容は，「軽々と脂肪を吸引し，健康を引き出し，すばらしいスタイルを引き出す」というものだ。この広告は，北京石景山医院運動医学科副主任の姚祖進によって，「ダイエットのやり方が非科学的で，消費者の健康に害がある」[48]と批判さ

れた。

　北京市消費者協会は，商品128とサービス機構58，合計186件の違法広告を公表したのち，この種の虚偽の宣伝広告は消費者の合法的権利を侵害していると指摘した。北京市消費者協会は，広範な消費者に注意を促すために，もしも広告の中に以下の内容が含まれていたら違法広告であり，消費者が特に注意してほしいと述べた。

「①　広告の中に"絶対"の用語が使われている。
②　"リスクがゼロ，効果がなければ全額を返還。"
③　国家機関，権威ある人物，専門家，消費者の名義などの内容で，違法広告の嫌疑に該当する。
④　有効率，治癒率を含み，治療効果の数値を示している。
⑤　非科学的な用語を含む。
⑥　"治療効果，安全予防，無毒副作用"などを含む。
⑦　その他，法律，法規が禁止する内容。」[50]

　医薬および保健食品類の商品の中国人の健康と財産に対する影響は，極めて直接的で大きい。中国の広範な消費者は，北京市消費者協会が行なった各種の広告の真偽を判断する活動で，自分の判断能力と知識を高めることができたはずであるが，にもかかわらず，その効果は結局のところ限界があった。一般民衆を指導して，専門性があり社会的信頼のかなり強い医院の違法広告を見破らせようとしても，それは簡単なことではないからだ。中国政府の関係機関が積極的に行政面の改革を進め，全面的な取締りを行なわない限り，こうした違法広告の継続拡大を制止することは困難であろう。
　ところで，われわれ外国人にとって意外なことは，中国の批判精神旺盛なネット利用者がこの類の違法広告行為に対してはほとんど関心を示さないことだ。彼らは，外国企業による中国"侮辱広告"にはすばやく力強く反応するが，こ

うした中国人の健康に深刻な影響を与えている"問題広告"については，世論をつくり出して中国政府の関係機関に圧力を加えようなどとはみじんも考えていないらしいのである。これは，不可解なことだ。

おわりに

　2006年12月の「中国互聯網協会（中国サイト協会）」の年度統計によれば，「ネット人口は1億3600人に達した」[51]。そして多くの中国人ネット利用者は中国政府の外交，経済などの問題をネット上で討論するのが好きなのである。とりわけ外資企業が打つ広告に対しては，厳しく監視し，批判する。商漢という署名の中国人ネット利用者は外資企業の広告審査問題に警告を発し，「過去の広告監督単位の数十の目による審査からネット利用者の数億の目による審査に変わったのだ」[4]と述べている。それゆえ，一部の広告業者も中国人ネット利用者の影響力のあなどりがたさを認識し，中国にある日本の広告企業は，「もしも広告でミッキーマウスのイメージを使いたいと思ったら，その所有者ディズニーランドのところに行けばよいが，広告で"竜"のイメージを使いたいと思ったら，気をつけなければならない。なぜなら，"竜"の所有者は全中国人だからだ」[4]と語っている。

　2003-2006年に中国人ネット利用者に厳しく批判された広告ランキングとしては，まず2003年には，トヨタの「ランドクルーザー」，「プラド」だった。次に2004年の日本ペイントの「竜篇」，中国企業の「屈原がビールを飲む広告」およびアメリカ・ナイキの「恐怖の闘争部屋」がある。2005年には，P&GのSK-II（主には広告問題ではなかったが），アメリカのHP，デルおよびマクドナルドである。2006年には，ケンタッキーと中国企業の「屈原牌飼料」などの広告が槍玉にあげられた。

　第一に，SK-II事件は，日本が中国からの農産物輸入について汚染規制を強めたことに対する中国政府による報復と見て間違いあるまい。それにしても，SK-IIに問題があるという市民，訴訟代理人，メディア，中国政府の批判の仕

方は，あまりにも幼稚なものであった．日本側は中国という巨大市場から得られるはずの利益の前に卑屈な沈黙を守るのではなく，科学的な公開討論で対処することが，今後強く求められるに違いない．

第二に，中国人ネット利用者によるアメリカの広告批判は，デル広告はいちおう別として，いずれも「愛国主義」，自己の歴史と文化の「偉大さ」を擁護したいという心理が根底に存在するものと見られる．屈原が登場する広告批判も同様で，「中華民族」という幻想の共同体の「偉大さ」を守りたいという動機が強く働いていると見られるが，歴史人物の広告利用という問題については，中国人の一定部分が狭隘な民族主義の羈絆(きはん)を抜け出しており，広告批判に同調していないことが注目される．豚肉料理に舌鼓を打っている中国人たちは，自分たちが汚くて卑しい，「中華民族」の尊厳を汚す動物を食べているとは思っていないに違いない．今後は，この中国でも国際的常識が成長・発展していくであろうと感じさせられる兆しである．

第三に，ニセの医薬品，保健食品類の氾濫は，深刻である．現状では，監督官庁，広告会社，広告主，放送メディアが営業利益の魅力に屈服し悪徳のスパイラルに陥っている．これに対して，本章では，中国人ネット利用者たち，"愛国主義"の"暴民"たちがまったく関心を持っていないことの異常さを指摘した．中国はめざましい経済発展をとげているものの，それに伴うべき市民社会の成長が著しく遅れているという社会の畸型性(きけい)が，ここには典型的に表われていると言わざるを得ない．

注

1) 愛成「なぜトヨタの広告は日本の武士に頭を下げさせないのか？」『中国営銷伝播網』2004年12月14日．
2) 汪莉絹「おめでとう，あなたに整形手術をプレゼントしよう」『聯合報』2004年1月19日．
3) 「無意識か？故意か？敵意か？外国企業七大問題広告」『人民網』2005年6月26日．

4) 「中国の民間人が外資企業の政治的誠意をただす」『国際先駆導報』2005年1月18日.
5) 徐紅明「"中国の竜"のイメージは誰にも変える権利はない」『新浪網』2006年12月5日.
6) Camel In Rage「"中国の竜"の事件からネット暴民の力を見る」『天涯社区』2006年12月5日.
7) 「SK-II事件の代理人唐偉と記者鍾端浪との新浪サイトでの対談実録」『新浪財経網』2005年3月11日.
8) 「工商部門が宝潔の問題商品に介入調査,売場は言い逃れして協力せず」『第一財経日報』2005年3月9日.
9) 「中日貿易の糾紛は拡大するのか？ SK-II事件は政治的連想を広げる」『大紀元』2006年9月22日.
10) 李盛雯,黄筱珮「クロム,ネオジムは有毒か？専門家,衛生署の見方は大いに異なる」『中国時報』2006年9月23日.
11) 「衛生署報告はSK-II商品が安全で,心配はない…と指摘,嵐はしばらくすると収まるか？！」『東森新聞報』2006年9月21日.
12) 『智邦生活館』2006年9月23日.
13) 「中国の悪質欠陥商品情報」『中央商情網』2007年3月17日.
14) 沈明川「大陸の欠陥商品は多数,民衆はインターネットで調べられる」『聯合新聞網』2007年3月15日.
15) 曠文溱「HPがすきにつけこんでIBMの市場を奪う」『台湾科技資訊網』2005年2月18日.
16) 鍾超軍「販売者は語る,"問題広告"は誰のあやまちか？」『金羊網』2005年7月6日.
17) 陳輝楠「ケンタッキーを食べないと大学に合格しないのか？ケンタッキー,問題広告を改訂」『東方早報』2006年4月20日.
18) 「ケンタッキーが現在放送している老北京鶏肉巻の広告はあまりにも行きすぎだ」『天涯社区』2006年4月6日.
19) 『楚辞』「離騒」の一節.カッコ内の現代語訳は目加田誠訳による.『中国古典文学大系15 詩経・楚辞』平凡社,1969年12月.
20) 「長沙の一ビール工場の"屈原がビールを飲む"広告が非難を受け放送禁止」『北京晨報』2004年9月19日.
21) 段世文「ビールを飲んで江にとびこまないのか？ビール広告が屈原を利用した」『新華網』2004年9月15日.
22) 「いかに広告がつくり出す民族感情を処理するのか」『客商在線』2005年11月23日.

23）「長沙一ビール広告拿屈原開涮惹争議」『舟山網』2004年9月15日。
24）「ビールが来たら，屈原は江に身を投じないのか？」『深圳商報』2004年9月22日。
25）「長沙一ビール廠"屈原がビールを飲む"広告遭質疑被停播」『北京晨報』2004年9月19日。
26）『申報』（1987年復刻版）上海書店，1925年9月4日。
27）前掲『申報』1925年9月6日。
28）前掲『申報』1935年1月31日。
29）「"屈原"がブタの飼料のブランド名になり，屈原の故郷の民衆が手紙を寄せて強烈な不満を表明」『新華網』2006年10月16日。
30）「屈原がブタの飼料の商品名になり，詩人と同郷者が手紙で不満を表明」『中国新聞網』2006年10月16日。
31）「"屈原"竟成為猪飼料！律師認為此挙合法不合情」『福州晩報』2006年10月9日。
32）百姓胡声「"屈原"がブタの飼料の商品名となったことによる四重の拷問」『新浪網』2006年10月18日。
33）「屈原がこともあろうにブタの飼料の商品名であり，登録商標はいつでも合法的で情理にかなっている」『中広網』2006年10月16日。
34）『新浪網』2006年10月24日。
35）「"屈原印"はついにブタの飼料になった」『光明日報』2006年11月5日。
36）毛寿竜「"問題広告"は医院の発展を阻害する」『環球時報・生命週刊』2005年8月29日。
37）「10数種の"問題広告"11月以後の新聞・雑誌」『中国証券網・上海証券報』2006年10月26日。
38）張樹庭『広告教育のポジションとブランドの創出』中国伝媒大学出版社，2005年6月。
39）富子梅「違法薬品広告はなぜかくも多いのか」『人民日報』2004年12月2日。
40）兪鳳瓊・徐志南「問題広告は"上位"にある違法広告の大量放送は誰のせいか」『市場報』2004年11月26日。
41）呂律・翁東勁「医薬広告の七大問題広告一部のテレビ局はしばしば誇大な功効をうたう」『捜狐網』2006年8月29日。
42）「放送禁止令は異常な事態をおさえがたい　問題広告は依然わが道を行く」『市場報』2006年8月11日。
43）「国家薬監局は虚偽の違法薬品を厳重に取締る」『北京青年報』2006年8月9日。

44) 「一連の法律・法規が本日から施行される　問題広告は新聞から一掃されよう」『中国台湾網』2006年11月1日。
45) 「12種類の問題医療広告が新聞から一掃される」『北京現代商報』2006年11月8日。
46) 秦佩華「問題広告はなおも放送されている：責任は軽すぎ，威嚇は足りないのか？」『新華網』2006年8月4日。
47) 「ニセ薬の広告氾濫，北京建国医院の"医療スーパーマーケット"の秘密を暴露する」『市場報』2004年9月21日。
48) 袁国礼「北京市消費者協会が名指しで脂肪吸引機を含む9つの問題広告を批判」『京華時報』2006年8月16日。
49) 「9領域の専門家が虚偽広告を批判」『北京青年報』2006年8月16日。
50) 「最も代表的なニセ広告"ダイエット指向性""着衣の上から急所を押える"を暴露する」『竟報』2006年8月16日。
51) 「ネット人口がはね上がり，中国は世界第2のネット使用国となり，消費は47％増加した」『鉅亨網』2007年1月15日。(2009年12月現在，3億8400万人。)

第 4 章

中国インターネット事情

はじめに

　1990年代後期に，中国政府は経済・社会の発展およびグローバリゼーションに対応し，高度科学技術の産物であるインターネットを中国に本格的に導入するようになった。これについて，西側世界は好奇の目で見守った。なぜなら，インターネットは一般の伝統的なメディアとは異なり，いつでも新しい情報を伝達し，人々はインターネットにアクセスすれば，簡単にいかなる情報でも取り出すことができるので，中国政府にとっては政治的衝撃は経済的価値よりも大きいだろうと諸外国は見なしていたからである。これに対して，少なからぬ有識者はインターネットが中国を自由で民主的な国家に変えてゆくであろうことを期待した。アメリカの前国務長官オルブライトはこれについて，「中国は情報の流通に従って民主化が進むだろう」[1]と述べたことがある。先進的な媒体インターネットが自由・民主という精神を中国にもちこめるか否かは，当時の諸外国の関心の的となった。

　中国がインターネットを発展させていた初期には，諸外国は中国が速かに民主国家に変わるだろうと思っていたが，こうした幻想は速かに破綻した。なぜなら，中国政府がインターネットに対してとった方針は，一面で発展させ，一面で管理するという政策であったからである。一方では，インターネットで中国の文化と誇りを表明させ，他方では，国外から中国政権を妨害する情報が中国に進入し，「中国の社会主義の精神文明建設と安定団結の政治局面を破壊することを恐れたのであった」[2]。それゆえ，中国政府は巨額の投資を惜しまず，外国の最も先進的な技術を導入してインターネット建設を行なったが，中国国内のネット利用者は外国の情報を見ることはできず，中国当局はいつでもどこでもネット利用者の個人情報を検閲できるようになったのであった。

　21世紀の今日，中国は間違いなく世界経済とインターネットの大国となった。中国人がプライド高く「21世紀は中国人の世紀だ」と言っているとき，中国国外のネット上にはしばしば「中国政府がネットの万里の長城を建設して

いる」,「ネット利用者が逮捕された」,「サイトが封鎖された」,「ネット仮想警察」などの報道がとび交った。こうした状況は，諸外国に驚きと失望を味わわせた。なぜ，西側文明の先進的科学技術であるインターネットが中国に入ると，性格が変わってしまうのか？ インターネットの中国における発展過程はどのようなものか，中国政府はいかにインターネットを発展させたのか，いかにインターネットを監視しているのか，インターネットが中国社会に生み出している正と負の影響とは何なのかなどの問題を，本章で検討する。

1 中国におけるファイアーウォールと「金の盾工程」の建設

1.1 ファイアーウォールの建設と法規の制定

1984年，中国公安システムコンピューター・ネットワークは正式に始動し，1990年11月28日，中国は「SRI-NIC (Stanford Research Institute's Network Information Center)」[3]に，中国のネットワークのトップレベルドメイン.cnを登録した。これより中国のネットワークのトップレベルドメイン.cnを用いた国際電子メール業務が開始された。しかし，当時の中国は国際インターネットの全機能との接続を取得していなかったので，中国の.cnネームサーバをとりあえずドイツのカルルスルーエ大学に設置するしかなかった。

1992年6月，中国科学院研究員銭華林は，日本の神戸で開催されたINET1992年次総会に参加し，アメリカ国家科学基金会国際ネットワーク部責任者がはじめて中国のIPトラフィックをインターネット上で転送できるようにする問題を正式に討論したが，「ネット上には多くのアメリカ政府機構が参加しているので，中国がインターネットに参入するのには，政治的に障碍がある」と言われてしまった[3]。1994年4月はじめに至って，アメリカ・ワシントンで開催される中米科学技術協力連合委員会の前に，中国科学院副院長胡啓恒からアメリカ国家科学基金会（NSF）に，重ねて中国のIPトラフィックをインターネット上で転送できるようにする要望が出され，その結果，認可された。

1994年4月20日，中国国内最初のネットワーク「NCFC」(National Computing and Network Facility of China）プロジェクトによって，「アメリカ・スプリント（Sprint）社を通じてインターネットに接続する64K国際専用ラインが開通し」[3]，インターネットの全機能との接続が実現した。同年5月21日，中国科学院コンピューターネットワーク情報センターは，ドイツ・カルルスルーエ大学の協力の下で，中国の.cnネームサーバの中国国内への設置を完成させ，以後，中国は全機能を備えたインターネット国家と見なされるようになった。

1994年末，中国公安部が設置した「国家犯罪情報センター（CCIC）」が正式に発足し，1996年には中国政府は外資会社「冠博通訊（Global One）」に委託して中国大陸の人々が国際インターネットを見るために，これと接続したインターネット・システムを立ち上げ，以後，中国社会でインターネット時代が始まったのであった。

しかし，インターネットに関連する諸側面は，極めて広範であった。その中でもとりわけ中国政府を不安にさせたのは，中国の民衆が国内外の各種各様の中国政府に不利になる情報を自由にインターネットで取得できることであり，中国共産党政権の利益に害を与えるであろうことを恐れた。それゆえ，中国政府は中国ネット利用者のネット上での言論と思想を有効に管理・統制することができるよう，多数の厳格な法規を定めた。

1996年2月1日，中国国務院は令第195号で「中華人民共和国コンピューター情報ネットワークインターネット管理暫行規定」を発布した[4]。同年4月9日，中国郵電部は，「中国公用コンピューターインターネット管理方法」を公布し[5]，公布日より施行した。

1997年5月20日，中国国務院は「中華人民共和国コンピューター情報ネットワークインターネット管理暫行規定」を修正するため，「『中華人民共和国コンピューター情報ネットワークインターネット管理暫行規定』の改正に関する国務院の決定」を公布し[4]，同年5月30日，「インターネットの健全な発展を保証し促進するため，中国ネットワーク・ドメインネーム（Domain Name）システムの管理を強化する」として[6]，中国ネットワーク・ドメインネーム・シ

ステムの管理機構である中国国務院情報化工作指導小組事務室（以下，国務院情報室と略称）は「中国ネットワーク・ドメインネーム登録暫行管理方法」を発布した[6]。この「管理方法」は，全6章31条からなり，トップレベル・ドメイン.cn については，次のような詳細な規定がある。

「第1章第4条，国務院情報室の指導の下で，中国ネットワーク情報センター（China Internet Network Information Center, CNNIC と略称）は，CNNIC 工作委員会の日常的事務機構であり，CNNIC は本『管理方法』に基づき，『中国ネットワーク・ドメインネーム登録実施細則』を制定し，中国トップレベル・ドメイン.cn の管理・運用に責任を負う。第5条，級を追って授権する方式を採用し，3級以下（含3級）ドメインネームの管理単位を確定する。各級ドメインネーム管理単位は下級ドメインネームの登録に責任を負う。2級ドメインネーム管理単位は定期的に CNNIC に3級ドメインネームの登録報告を提出しなければならない。第2章第7条，中国が国際ネットワーク情報センター（InterNIC）に正式に登録し運用するトップレベル・ドメインネームは，CN である。トップレベル・ドメインネームは，CN の下に，順を追って各級ドメインネームを設置する。第8条，中国ネットワークの2級ドメインネームは，「類別ドメインネーム」と「行政ドメインネーム」の2種類に分けられる。第9条，2級ドメインネームの増設，廃止，名称変更は，CNNIC 工作委員会が提案し，国務院情報室の批准を経て公布される。第10条，3級ドメインネームの命名原則は，(1) 3級ドメインネームにはアルファベット（A-Z, a-z, 大文字・小文字は等価とする），数字（0-9）およびハイフンを組み合わせ，各級ドメインネームの間はドット（.）で連接し，3級ドメインネームの長さは20字を超えないこととする。第11条，3級以下（含3級）ドメインネームの命名の原則は，(1) 国家の部門の正式な批准を経ずに「CHINA」，「CHINESE」，「CN」，「NATIONAL」などの文字を含むドメインネームを使用してはならない。(2) 誰もが知っているその他の国家あるいは地区

名称，外国地名，国際組織名称を使用してはならない。(3) 各級地方政府の批准を経ずに県級以上（県級を含む）の行政区画名称の全称あるいは略称を使用してはならない。(4) 業種名称あるいは商品の通用名称を使用してはならない。(5) 他者がすでに中国で登録している企業名称あるいは商標名称を使用してはならない。(6) 国家，社会あるいは公共の利益を損ねる名称を使用してはならない。第6章第28条，中国国内で中国ネットワークに接続し，その登録ドメインネーム CN でないものは，CNNIC に登録しなければならない。」[6]

以上に見たように，CNNIC は「中国ネットワーク・ドメインネーム登録暫行管理方法」が制定した「中国ネットワーク・ドメインネーム登録実施細則」に基づき，1997年6月15日に実施された。

1997年12月8日，中国国務院情報化工作指導小組（グループ）は，「中華人民共和国コンピューター情報ネットワーク・インターネット管理暫行規定」に基づき「中華人民共和国コンピューター情報ネットワーク・インターネット管理暫行規定実施方法」を制定し[7]，コンピューター情報ネットワーク・インターネットに対する管理を強化し，国際コンピューター情報交流の健全な発展を保障するとした。

1997年12月11日，中国公安部は「コンピューター情報ネットワーク・インターネットの安全保護を強化し，公共の秩序と社会の安定を守る」ために[8]，「中華人民共和国コンピューター情報システム安全保護条例」に基づき[8]，「中華人民共和国コンピューター情報ネットワーク・インターネット管理暫行規定」その他の法律，行政法規を参考にして，「コンピューター情報ネットワーク・インターネット安全保護管理方法」を制定し[7]，中国国務院の批准を経て，12月30日，中国公安部によって公布・施行された。同「管理方法」は全5章25条からなり，ネット利用者に対して次のように厳格な制限を加えた。

「第1章第4条，いかなる単位（機関）・個人も，インターネットを利用

第4章　中国インターネット事情　159

して国家の安全を損ない，国家の秘密をもらしてはならず，国家的，社会的，集団的利益と公民の合法的権益を侵犯してはならず，違法な犯罪活動に従事してはならない。第5条，いかなる単位（機関）と個人も，インターネットを利用して以下の情報を制作・複製・調査・伝達してはならない。(1) 憲法と法律，行政法規の実施への抵抗・破壊を煽動すること。(2) 国家の政権の転覆，社会主義制度の打倒を煽動すること。(3) 国家の分裂，国家統一の破壊を煽動すること。(4) 民族への憎しみ，民族差別，民族の団結の破壊を煽動すること。(5) 捏造あるいは事実の歪曲，謡言（噂）の散布，社会秩序を攪乱するもの。(6) 封建的迷信・猥褻・色情・賭博・暴力・殺害・恐怖を宣揚し，犯罪を教唆するもの。(7) 公然と他人を侮辱し，あるいは事実を捏造し，他人を誹謗するもの。(8) 国家機関の信用・名誉を損ねるもの。(9) その他，憲法と法律，行政法規に違反するもの。第7条，ユーザーの通信の自由と通信の秘密は法律の保護を受ける。いかなる単位（機関）と個人も法律の規定に違反してインターネットを利用し，ユーザーの通信の自由と通信の秘密を侵犯してはならない。」[7]

　その一方，中国政府は1997年，ファイアーウォールを立ち上げてウイルス，ハッカーなどを阻止する技術を有するアメリカのシスコシステムズ社が中国のインターネットのために，中国政府がネット利用者を監視するための次の封鎖機能をつくるよう要望した。

「①　中国語インターネット上の電子メールとアドレスについてキーワードの検索ができること。
　②　電子メールを送る過程で，添付ファイルを阻み，その後，その中のデータを調べることができること。
　③　中国大陸のネット利用者がインターネットを使用して何をしているかを監視できること。
　④　中国国内の10億人が政治的に敏感（デリケート）なサイトに接触す

るのを防止できること。」[9]

シスコシステムズは，中国での市場の拡大を加速するためによろこんで中国政府の意に従った。シスコシステムズは，中国電信の大部分の契約を取得したのち，「中国共産党政権が独占する電信業のために，ルーター設備，整合器（Xperanto）および"特殊ファイアーウォール"を開発し，政府のネット利用者を監視したいという要求を満足させた」[9]。

シスコシステムズは当初，中国政府が立ち上げるインターネット・ファイアーウォール機能を次のようなものとした。

「もし中国大陸のネット利用者が国外の例えば『大参考サイト』（中国人政府批判者がアメリカで立ち上げた）あるいはその他の民主，独立あるいは人権を主張する中国語サイトなどの政治的内容のサイトにアクセスしようとしたら，そのアドレスは，IPTablesによって認識され，しかるのち削除され，アクセス請求はゴミ箱に入れられ，同時にネット利用者は『操作時間切れ』という通知を受けとることになる。」[9]

シスコシステムズのルーターは，国内外のネットワークの情報を阻止し，キーワードの検索を行なう能力があるだけでなく，検索の内容を調べることができるので，中国大陸ではネット利用者が封鎖されたサイトを検索しようとしただけで，「操作時間切れ」という通知しか見ることができないのである。

そのほか，シスコシステムズの技術は「語音の識別，電話の自動盗聴，生物測定資料の総合，ワイアレス・インターネットのネット利用者一人一人の追跡ができる」[10]。同社はさらに，中国公安の民警訓練工作も担当している。

以上からわかるように，シスコシステムズは中国政府の要求に対して何でも注文に応じており，それゆえ，中国当局の信任を得ており，したがって同社の商品の中国市場での占有率は増えこそすれ減ることはなく，得た利益は他の同業者を大きく引き離している。ルーターを例にとるなら，「80％前後の中国大

陸のファイアーウォールはシスコシステムズのルーターを採用している。」[9]

　シスコシステムズが中国政府に供給しているハードウェア設備とインターネット・ファイアーウォールを架設する主要な目的は，中国当局によって認可されていない情報が中国のインターネット上で流通できないようにすることである。元シスコシステムズ上海支社のシステム・エンジニア周力の言うところによれば，「シスコシステムズは，中共のために警察ネットを架設し，警察あるいは公安部門（PSB）の特務が路上でいかなる個人をもさえぎるのに代わって，携帯装置を利用して公民の職場あるいは住宅に侵入し，彼らが最近60日間にアクセスしたホームページの記録を追跡し，彼らの電子メールを読めるようにしている」[11]のである。シスコシステムズが中国のために立ちあげたネットワーク・ファイアーウォールが西側の人々によって「Great Firewall（防火牆GFW）」と呼ばれている[10]のは，万里の長城が昔，匈奴を防いだように，中国共産党が拒むすべての情報をさえぎろうとしているということである。それゆえ，国際人権組織をも含む批判を受け，この種の行為は人民の言論の自由と情報の自由を侵犯すると見なされている。これに対してシスコシステムズは，次のようにコメントしている。「シスコシステムズが立ちあげたファイアーウォールを中共政権がどのように使用するかについては，本社はいかなる責任も負わない」[9]。利益のみを追求して責任を負わない同社の態度は，アメリカ議会の議員の非難を浴びている。

　1998年はじめ，中国がファイアーウォールに投資した規模の大きさと技術的手段の先進性およびインターネット封鎖の厳密さは，世界でも比類のないものであるとはいえ，「インターネットの使用量は増大し，アカウントは200万件を超え，サーバーも日々増大し，ネット利用者も倍々で増えており」[9]，さらにネットワークの反封鎖の技術もますます進歩し，中国政府に封鎖されていた少なからぬIPも封鎖を突破してきている。それゆえ，中国政府はさらに継続的に一層巨額の資金を投入して「内容濾過（IPTables），URL濾過（IPTables），機能変数名称乗っ取り」[9]等を含む各種性能のより高い商品を開発する必要を認めている。

1998年3月，日々深刻になるネット封鎖技術上の漏れの問題を解決するめ，中国政府は第9回全国人民代表大会第1回会議で「中国情報産業部を設立し，全国電子情報産品製造業，通信業，ソフトウェア製造業を主管し，国民経済と社会サービスの情報化を推進する」ことを批准した[3]。4月3日，中国中央政法委書記の羅干は，「総合的な考慮があるべきであるなら，最終目標は全国インターネットを実現することであり，より先まで考慮するなら，全国インターネットは省市以下の2，3級ネットを含まなければならず，インターネットに対する全体的監視管理センターを設立しなければならない」[12]と指摘した。5月，中国全人大は，中国長城インターネットの設立を批准した。8月9日，中国公安部部長の賈春旺は国務院国閲［1998年］84号文件（文書）で「公安情報工作がいかに歩みを速めるか，研究し意見を提出し，党委で討論して頂きたい」[13]と指示した。

　1998年8月，中国公安部は正式に「公共情報ネットワーク安全監察局」を設置し，コンピューターネットワークのセキュリティを組織・実施・保護し，ネット犯罪を取り締まり，コンピューター情報システム・安全保護状況について監督管理を行なうことを担当させた。同年9月22日，中国公安部部長事務会議は研究に基づき，「中国が現代の経済・社会条件の下で動態管理を実現し，犯罪取り締まりの必要に適応するため，『科学技術警察』を実現し，公安システムの統一指揮を強化し，速かに反応し，犯罪取り締まり作戦の能力を強化し，公安工作の効率，事件解決の水準を高める」[14]こと，および「インターネットへの統制力を強化し，中国ネット利用者の個人情報を獲得する効率を高める」[15]ために，全国公安機関が全国公安工作の情報化工程――「金の盾工程」を展開することを決定し，翌1999年4月20日，中国公安部は国家計画委員会に「金の盾工程項目報告」および「金の盾工程項目建議書」を提出した。

　中国政府はネットワーク封鎖技術上の漏れの問題の解決を急ぐほかに，外資企業のネットワークのパスワード使用問題を徹底的に解決したいと考え，1999年10月，中国国家パスワード管理委員会は次のように規定した。

「①　内部のソースコード（Source code）とUSBのキーを提出すること。
②　使用しているパソコンを登録し，すべての暗号化機能（常時使用するあらゆる商務ソフトを含む）および職員のパスポートコピーを提出すること。
③　ノートパソコンは政府が指定するサービスセンターで修理しなければならない（パソコンにインストールした内容は，中国国家安全機構の検査を受けなければならない）。
④　会社内部の職員移動，パソコンの交換も報告しなければならない。
⑤　ノートパソコンおよび携帯電話は，中国に入国するさい，伝染性の疾病同様，報告しなければならない。」[16]

　上述の規定は2000年1月はじめ，いかなる外資企業からも反応がなかったので，中国国家パスワード管理委員会は激怒し，すべての外資企業の関係者に最後通牒を発し，「2000年1月31日以前に登録を完了しなければならない。さもなくば財産は没収され，起訴されるだろう」[16]と警告した。しかし，中国当局が出した警告の内容はただちに米中貿易委員会（U. S.-China Business Council），米国商会（American Chamber of Commerce）および中国電子商務論壇（E-Commerce China Forum）から反発が起こり，さらに中国の有識者もこの規定は外資企業の反感を招くだけでなく，中国自身の経済的利益に影響を及ぼすだろうと見なした。数日後，中国国家パスワード管理委員会はこの規定に次のような若干の修正を加えた。

「①　パスワードの定義範囲を縮小する。
②　ソフトは，パスワードを含んでもよい（ソフトの「核心的機能」でない限り）。
③　外資企業は，登録しなくてもよい。
④　携帯電話とノートパソコンは，自由に携帯してよい。
⑤　ノートパソコンは，政府指定のサービスセンターで修理する必要は

ない。」[16]

　上述の各種規定のほかに，中国の関係部門はさらに各種ネット関係の規制を次々に増訂・修正し条例化していった。

　2000年9月25日，中国国務院は電信業の発展を効果的にコントロールするために，電信業を管理する総合的法規「中華人民共和国電信条例」[17]および「インターネット情報サービス管理方法」[17]を公布した。2000年11月1日，CNNICはCNドメインネームと中国語ドメインネーム統一という問題のために，「中国語ドメインネーム登録管理方法〈試行〉」[18]および「中国語ドメインネーム論争解決方法〈試行〉」[18]を公布し，中国国際経済貿易仲裁委員会に中国語ドメインネーム問題解決機構を設置するように委託し，2000年11月7日，中国情報産業部は国内の中国語ドメインネーム登録サービスおよび管理を規格化するために，CNNICが中国語ドメインネーム登録の管理機構であると規定し，「インターネット中国語ドメインネームに関する管理通告」[19]を発布したのち，CNNICは中国語ドメインネーム登録システムを全面的にグレードアップして，「．CN，．中国，．会社，．ネットワーク」[19]とした。

　続いて，2000年12月28日，中国全人大第9回常務委員会第19回会議は，「インターネットの安全に関する全国人民代表大会常務委員会の決定」[20]を可決し，2004年9月28日，「中国ネットワーク・ドメインネーム管理方法」[21]は中国情報産業部の第8回部務会議の審議を経て決定され，同年12月20日より施行すると公布された。同「管理方法」は全6章45条からなり，第1章第3条は特定用語の意味について次のように説明している。

　　「(1) ドメインネーム：インターネット上でコンピューターの階層構造式を識別し定位する文字標識であり，当該コンピューターのインターネット協議（IP）アドレスと対応する。(2) 中国語ドメインネーム：中国語の文字を含むドメインネームを指す。(3) ルートドメインネームサーバー：ドメインネーム・システム中のルートノード（Root Node）機能を担当する

ウェブ・サーバーを指す。(4) ルートドメインネームサーバー運行機構：ルートドメインネームサーバーを運行・維持・管理する機構を指す。(5) トップレベル・ドメインネーム：ドメインネーム・システム中のルートノード以下の第1級ドメインネームの名称を指す。(6) ドメインネーム登録管理機構：トップレベル・ドメインネーム・システムの運行・維持・管理工作を担当する機構を指す。(7) ドメインネーム登録サービス機構：ドメインネーム登録申請を受理し，直接，ドメインネームの国内トップレベル・ドメインネームのデータベースへの登録を完成させ，直接あるいは間接にドメインネームの国外トップレベル・ドメインネーム・データベースに登録する機構を指す。」[21]

中国政府はネット事業の推進を国家の最重要政策の1つとしており，それゆえインターネット発展の初期から脳味噌を絞って各種の関連法規の条文を制定してネット利用者の言論の自由を統制しようとし，外資の科学技術企業に委託して堅固な「ネットワーク・ファイアーウォール」をつくりあげた。その後，中国の関係部門は「ネットワーク・ファイアーウォール」の欠点を補い，ネットに対する監視・封鎖を100％水準にするために，急いで「金の盾工程」を完成させる必要があった。

1.2 「金の盾工程」の構築過程とその影響

西側国家によって「中国ネットワークの万里の長城」と呼ばれた「金の盾工程」は，1998年に中国公安部によって提案され，各界から一致した支持を受けたとはいえ，当時の中国には独自に厖大で複雑な「金の盾工程」を完成させる能力はなかったので，「冠博通訊 (Global One, アメリカ Sprint 社，フランス電訊 France Tele-com, ドイツ電訊 Deutsche Telekom の合資会社)，シスコシステムズ (CiscoSystem)，ノーテルネットワークス (Nortel)，モトローラ (Motorola)，アメリカ電子商務データ安全センター (RSA Security)，ネットフロント (Netfront)，レイディエイト (Radiate)，インテル (Intel)，ヤフー (Yahoo) お

よびサン・マイクロシステムズ（Sun Microsystems）」[10]などの外資科学技術会社に依頼し協力してもらうしかなかった。

　中国の「金の盾工程」建設に同意・協力した外資科学技術会社のうち，ノーテルネットワークスは最も中国政府に重視された。なぜなら，ノーテルネットワークスは最初に中国当局にファイアーウォール機能の強化を提案し，「個人追跡選別方式を使用してホームページの内容を検査する」ことを提案していたからである[15]。同社は，この技術はADSL高速インターネット環境の下でも良好に運行できることを強調した。また，ノーテルネットワークスは，最初に上海で「『個人化ネットワーク戦略』光ファイバーネットワーク・サービスは，個人化選択と設定機能技術を提供する」[15]と売り込んでいた。同社の技術は，中国政府がIPのアドレスからネット利用者の統計資料および政治傾向に関する資料を探し出し，買い取るというねらいに最もよく符合していた。

　このほか，ノーテルネットワークスは中国でデジタル監視システムを広めていた。その機能は，「遠方撮影機が撮影した監視映像について合成と分析を行ない，顔，会話，声の識別を行ない，関連データから身分証カードの内容と対比させることができる」[15]。これを利用すれば，中国公安は駅，天安門，公共の場所などで人民の身分証明書を検査することなく，任務を達成することができるわけである。

　そのほか，「金の盾工程」に技術支援を提供することに同意している外資科学技術会社は，モトローラを含めて，最も先進的な「暗号化通信システム"TETRA"」[15]を北京の警察機関に売却している。アメリカのネットワークセキュリティ商品のNetfront社の大部分の商品は中国に販売されている。アメリカのスパイソフトを製造しているRadiate社は，中国で「無料インストールプログラム」を提供しており[15]，同時にネット利用者の「パソコンの記憶体上に追跡プログラム」を設置しており[15]，アメリカ電子商務データ安全センター（RSA Security）は率先して「暗号化ソフト」[15]を中国当局に売却し，中国公安部門の商業的パートナーとなっている。

　2001年4月25日，中国公安部は「金の盾工程」に関連する技術的問題を解

決し，中国国務院の批准を受け，同年 5 月 30 日，「中国国家計画委員会は正式に公安部に返信し（計投資 [2001] 890 号），同年 7 月 11 日，中国国家計画委員会と中国公安部は連名で「国家計画委員会と公安部の金の盾工程に関する問題についての通知（計投資 [2001] 1264 号）」[14] を発表したのち，正式に「公安基礎通信機構とネットワーク・プラットフォーム建設；公安コンピューター応用システム建設；公安工作情報化基準と規範システムの建設；公安ネットと情報安全保障システムの建設；公安工作情報化運行管理システム建設；全国公共情報ネットワーク安全監視センター建設」[14] を内容とすることと決定し，建設の目標を決定したのち，中国国務院は「金の盾工程」の内容を決定した。また，対外的に「金の盾工程」についての認識・理解を得るため，中国公安部科委主任の李潤森はいわゆる「全目標」について以下の説明を行なった。

　「『金の盾工程』は，実質的には公安通信ネットワークとコンピューター情報システムであり，同工程は現代化情報通信技術を利用し，公安機関の迅速な対応，共同作戦能力を強化する。公安機関の工作効率と偵察・事件解決水準を引き上げ，新しい形式の下で社会治安の動態管理に対応する。全国的な公安の通信ネットワークと全国的な公安情報システムを立ちあげ，完成させる。全国犯罪情報センター CCIC を核心とすることを実現する。各項の公安業務の応用を基礎とする情報を共に享受し総合的な利用を実現する。『デジタル化警察』を目標とする情報の共有と総合的利用を実現する。全国の公安基層単位（機関）と移動当直警察官にいつでもどこでもネットワーク情報ソースを訪問させることができる。全国の通信ネットワーク上で 3-5 個の重点業務の情報化工程のプロセスを実現し，各種警察業務の全面的情報化のための基礎を定める。」[22]

　2003 年 9 月 2 日，中国全国「金の盾工程」会議が北京で開催されたのち，「金の盾工程」の第 1 期工程（プロジェクト）は，中国政府の監督の下に開始され，2005 年末に完成され，2006 年 11 月 16 日，北京で国家の検査を受けた。

中国公安部が設計した「金の盾工程」第1期工程は，主として中国公安の管理業務および外資ホテルの管理，出入国管理および治安管理等の業務を処理するためのものであり，その工程内容はおおむね次のようであった。

「①　基礎通信施設。主として有線通信，移動無線通信，衛星通信を含む。
②　ネットワーク・プラットホーム建設。主として電話専用ネット，コンピューター専用ネット，テレビ会議システム。
③　全国の公安コンピューターネットワークを3級に分け，公安部から省，自治区に接続する。」[14]

　「金の盾工程」は3年かけて建設され，第1期工程はすでに中国全国公安の1，2，3級主幹ネットとネット接続の建設を完成しており，このネットワークはすでに中国各級公安機関をカバーし，「中国大陸公安機関基層が接続した主幹ネットのカバー率は90％に達しており，100名の民警ごとにインターネットに接続したパソコンは40台に達しており」[23]，第1期工程の完成は中国全国180万公安・民警のインターネット監視力と封鎖力を高めさせており，中国公安部が設定した「科学技術警察」という目標は成功裡に実現した。
　中国中央テレビ局は「金の盾工程」第1期の完成について，次のように報道した。

　「第1期工程では，一層精密な封鎖，濾過メカニズムを使用した。そのうちの1つは，侵入検測システム（Intrusion Detection System, IDS）で，それによってネットアドレスの特定ドメインとパス文字列（System. IO. Path. Combine）をすることができ，httpサーバーに打撃を与えることができる。サーバーを経過した情報は制限を受けないので，濾過は相対的に容易なのである。同時に，ファイアーウォール業界のトップ（シスコシステムズ）から最も先進的な濾過設備を購入し，国家級のネットワーク上に設定したのであった。さらに，多階層システムがあり，規定に違反したネット利用者

を追跡することができるのである。すべてのネットカフェは，警察が提供する，もしくは認可した監視ソフトをインストールする必要があり，それによってネットカフェのすべてのインターネットの流量を監視し，すべてのネット利用者のスクリーンをさえ監視できる。このシステムは，直接，警察のネット・システムに接続されている。ネットカフェでのネット利用者は，利用する前に身分証を提示しなければならなず，もし『違法事件』が発生したら，業者は問題を起こした者の個人資料をネットを通じてただちに警察に送ることができる。」[23]

続いて，『新華社』は「金の盾工程」第1期工程の完成について，次のように報道した。

「2003年9月，電信監視工程「金の盾工程」が起動して以来，公安部門は中国大陸の96％の人口のデータをデータベースに蓄積した。つまり，中国13億人口の中の12億5千万人のデータを公安部門のデータベースに蓄積したのである。」[23]

「金の盾工程」第1期工程の完工で中国公安部は鬼に金棒となり，続く「金の盾工程」第2期工程も2006年に開始された。その主要な目的は，「3級ネットワークと末端建設の延長および各項公安業務応用システムを完成させる」[24]ことであり，中国公安部は一歩一歩マルチメディア通信を実現し，全面的に公安工作情報化という目標を実現したいと考えている。

一方，『環球時報』の報道によれば，「『金の盾工程』は大変有効に99％のネット利用者を制限できる」[24]。中国公安部メンバーは徹底的に中国政府当局のいわゆる「1,000名を誤って殺しても1名を逃がさない」[25]というネット封鎖政策を実施しているが，その結果として，アメリカのマサチューセッツ工科大学サイトやコロンビア大学のサイトを含む政治に関係のない国外学術機構サイトのすべてを封鎖してしまった[25]。このため，中国国内の学術界の人々が簡

単に国外の大学と学術交流をできなくさせ，世界各国の最新の学術研究情報を得られなくさせており，海外の中国人留学生も中国国内のサイトにアクセスできないことになった。この現象は，中国国内でも一部のネット利用者によって嘲笑されている。いくつかの例を見よう。

> ① 署名「部分芸術家」：「『長城』はついにネット上に実現された。その根本的価値は『侵略』を防ぐことにあるが，最も重要なのは内部『矛盾』を調節する強大な機能を追加したことだ。ハッハッハ，中国は本当に偉大すぎるよ！！」
> ② 署名「桑博」：「今日，人がこう言うのをきかなかったか。私は本当にこんなことがあるなんて信じられない，こんなことが可能なのか？まったくわからない？？」
> ③ 署名「ポンポンポン」：「中国の人権・自由は，またも半分減ってしまった。」
> ④ 署名「123」：「『金の盾』の機能は，とても強大だ。これらは，ほんの一部にすぎない！軍事的性格としては，それはアメリカのミサイルのようだ。──中国のネットに対して同様，外来のネット攻撃も防ぐことができるのだ！プライバシーに波及するので，アメリカにさえ存在しないのだ！！！地球上で中国にだけは存在するのだ！」
> ⑤ 署名「年大六」：「どうしようもない！私のパソコンは，しょっちゅうハイジャックされる。ときには，私もハイジャック者と冗談を言うんだ！」
> ⑥ 署名「不明白（わからない）」：「ウソーッホント！」[23]

2　中国政府のネット封鎖政策への米国企業の対応とその影響

中国政府は広大な中国市場をエサとして利用し，外資企業に先進科学技術を提供させ，中国が世界最強のネット・ファイアーウォールを建設するのを支援

させ，中国当局がネットを監視し封鎖するのを援助させているほか，国際的に名の知られたヤフー，マイクロソフト，グーグルなどにさえも，中国のネット検索エンジン市場の将来を考えさせ，中国政府の言論の自由抑圧政策に協力するようにさせている。

　20世紀末，中国は世界最多の人口を有する国家であったので，そのIT産業市場の成長潜在力は，あまねく世界各国に期待を抱かせた。それゆえ，ヤフー，マイクロソフト，グーグルなどの外資企業は中国に支社を設立し，中国政府のネット封鎖政策に同意・協力し，言論の自由を抑圧する共犯者となった。

2.1　ヤフーが個人情報を漏洩したため中国政府批判者が逮捕された事例

　1998年，インターネット検索世界第2位の米ヤフーは，中国市場に進出して支社を設立し，中国政府に迎合して自主規制を実施する最初のサイトとなり，ヤフー中国版のサーバーを中国国内に設置し，中国当局が直接，同社の経営状況を監視できるようにした。

　ヤフーは，中国政府のいかなる不合理な要求にも常に完全に協力する態度をとったにもかかわらず，それによっていかなる経済的利益も得ることはできなかった。この状況について，中国易観コンサルタント・アナリスト王建斌は，「ヤフーは，ネット利用者を獲得するパイプをつくりあげることはできなかったし，中国本土企業を買収して直接ネット利用者を取得するパイプとすることもできなかった」[26]と指摘している。2003年，ヤフーは専門家の提案を受けて，中国本土の3721ネット検索エンジン社（会社名）を買収した。

　しかし，ヤフーが3721社を買収して新しい経営戦略を正に展開しようとしたとき，ヤフーがネット利用者の個人情報を漏洩したために一部の中国政府批判者が中国公安に逮捕され入獄するという一連の事件が発生した。

　以下に，その事例をいくつかあげる。

　2003年8月1日，ヤフー香港は中国公安に協力して中国四川省達州市の前財政局の役人李智がヤフーに登録した個人情報を中国公安に提供した。彼は「中国民主党への加入を申請し，インターネット木子サイト（サイト名）上に個

人ホームページを立ちあげ，敵対思想を宣伝し，中国民主党に加入するよう人々をそそのかし，国家を顛覆しようとした」[27)]とされ，8年の刑を言い渡された。

李智逮捕事件について，李智の弁護士は弁護陳述書で，「2003年8月1日，ヤフー香港は中国公安機構に李智の登録情報と電子メールを提供した」[27)]と述べている。これに対して，パリに本部がある「国境なき記者団」はヤフーが効果的に中国公安に協力したと非難した。

四川省の政府批判者・鄧永亮が国際人権組織に語ったところでは，李智以外に，中国政府批判者・許万平もメールアドレスの個人情報がヤフーに漏らされたため，「国家政権顛覆罪」によって12年の判決を受けた。鄧永亮は，「ヤフーは中国民主運動を鎮圧する最も憎むべき勢力である。西側の大国の会社はどれも買収されている疑いがあり，どの電子メールが安全なのかわからない」[27)]と語っている。

ついで，2003年9月12日，中国政府批判者・王小寧も，ヤフーが個人情報を漏らしたために北京市第一中級人民法院（裁判所）によって「国家政権顛覆煽動罪」で10年の判決を受けた。

王小寧事件については，中国公安の告発によれば，「王小寧は，2000年から2002年の間に中国大陸と香港で発行された海外電子刊行物『民主論壇』，『大参考』，『小参考』に匿名で，『四項基本原則は中国の進歩の最大の障碍物である』，『中共を厳しく攻撃することは国家政権の顛覆ではない』など多数の文章を発表した」[28)]。王小寧は，中国公安によって中国大陸と香港でヤフーの電子メールのパイプを通じてこれらの刊行物を送り，匿名で多党政治を主張したと疑われたのである。

王小寧が逮捕され入獄した事件について，ヤフー香港のスポークスマンMary Osakoは声明を発表し，「中国公安がネットで活躍している王小寧を逮捕した事件とヤフー香港との間に関係があるのかどうか知らない」[28)]と語った。しかし，中国人権組織の言うところによれば，「北京市高級人民法院刑事裁定書」の中には，「王小寧が送ったメールと文章のパソコン資料は，ヤフー香港

が北京当局に証拠として提出したものである」[28)]と記載されているという。中国人権組織はさらに，「中国の法廷で引用されている証拠は，ヤフー香港が提供した王小寧のヤフー香港に登録されているメールアドレス（ahgq@yahoo.cn）と中国大陸に登録しているヤフーメールアドレス（bxoguh@yahoo.com.cn）である」[28)]と証拠をあげて指摘している。中国法廷は，ヤフー香港が提供したこの2つのメールアドレスの情報を利用して関連づけ，王小寧と確認して彼を逮捕したのである。

2003年11月，中国公安はまた，ヤフー香港から別の中国政府批判者・姜力軍とその友人が共同で使用している電子メールアドレスのユーザー資料と下書きボックスの中に保存された党設立宣言を入手して証拠とし，姜力軍が「『暴力的手段』を使用して民主を実現しようとした」と告発し[29)]，彼を「国家政権顛覆罪」で懲役4年の刑に処したのであった。

姜力軍逮捕事件については，中国公安は，姜力軍が2002年11月，200名近い中国政府批判者との連名で「中共16回大会に致す」という公開書簡を発表し，そこで「1989年の民主運動を再評価し，政治犯を釈放し，政治改革を推進し，前中共総書記趙紫陽の人身の自由を回復する」[29)]よう要求し，「多党制を実施するよう主張し，西側式の民主を宣揚し，暴力的手段で民主を実現することを宣伝した」[30)]と発表した。姜力軍が主張した内容は，正に中国共産党が最も恐れ，最も嫌っている話題であった。

姜力軍は李智・許万平・王小寧に続いてヤフーがネット利用者のメールアドレスを中国公安に協力して提供して入獄させられた第4番目の人である。外国がいかに批判しようと，ヤフーはそのやり方を改めることなく，さらに世界各国のメディアから批判された師濤事件を引き起こした。

以下は，師濤逮捕事件の経緯である。

2004年4月，湖南『当代（現代）商報』記者師濤は，彼のヤフー・メールアドレスを利用し，海外に一通のメールを送り，「海外にいる民主化運動活動家が天安門事件15周年に帰国するよう」[31)]提案した。このメールは中国公安によって押さえられ，ただちにヤフーが提供した発信者の個人メールアドレス情

報と関連資料が入手され，師濤がインターネットに「1989年天安門事件の何周年記念をメディアが報道することを禁止する中国当局の命令」[32]を貼りつけたことを突きとめた。翌2005年9月，中国の法院（裁判所）は師濤を国外への国家機密漏洩罪で10年の懲役に処すると判決した。

師濤の10年徒刑判決事件について，長沙市中級人民法院は師濤「判決書第2条」の中に「ヤフー香港が提出したユーザーに関する資料の証明材料は，2004年4月20日23時32分17秒のIPアドレス218.76.8.201であり，対応ユーザー資料はユーザー電話が0731-4376362であり，ユーザー勤務先は湖南当代商報社であり，ユーザー勤務先住所は長沙市開福区建湘新村88棟2楼であることを証明している」[33]と書かれてあることに基づいている。それゆえ，国境なき記者団は，「ヤフーは師濤のメールボックスと電子メール記録を公開することに同意した。これらはすべて師濤個人のプライバシーにかかわっている」[34]と指摘した。もしヤフーが個人情報を証拠として提供しなければ，中国当局は師濤を有罪とすることはできなかったのである。

2006年2月，米国議会は師濤逮捕事件をとりあげて公聴会を開催した。ヤフーは公聴会で，「ヤフー香港は師濤事件と何の関係もない。関連情報は，中国公安がヤフー北京に要求して提供されたものである。ヤフー香港は独立経営であり，ヤフー北京との間で，何らかのネット利用者に関する情報交換が行なわれたことは，過去になく，将来もありえない」[33]と明言し，さらに，「中国司法部門が師濤の判決で依拠した最も重要な事実関係は，正確ではない」[33]と強調した。しかし，すでに述べたように長沙市中級人民法院は師濤「判決書第2条」の中で，師濤の逮捕はすべてヤフー香港が中国公安に提供した師濤のメールアドレスと個人情報資料によっていると証明しているのである。これに対して，ヤフー香港は公聴会で「われわれは中国の法律を遵守したにすぎず，北京政権がこれらの資料を使って何をしたかは知らない」[32]と弁解した。ヤフー香港は，師濤の個人情報を中国公安に提供したことを事実上認めたのである。ヤフー・カリフォルニア州本社のスポークスマンは，最初は，「この事件についてはよくわからず，コメントしようがない」[35]と言っていたが，続いて「ヤ

フーが中国政府から伝票を受けとったときには，中国政府からこれらの情報を何に使うのか告げられておらず，中国政府も彼ら（ヤフー香港）に説明する必要はなく，彼らも北京の要求を拒絶することはできない」[27]と弁明した。しかし，外部の人々は，ヤフーが自分たちは中国政府が入手した情報の目的は知らないと表明したのは納得できないと批判し，ヤフーは人権を無視しており，道徳的な責任感が欠けていると非難した。

2007年11月，AFP通信社の報道によれば，ヤフーはアメリカ連邦議会下院外交委員会が行なった公聴会で再度，「われわれは中国の法律を遵守して行動しなければ，当地で営業することはできない」[36]と弁解した。しかし，アメリカ連邦議会下院外交委員会ラントス委員長は公聴会で，「私は全米で最良の，最も経営眼にすぐれた会社が中国の悪名高い残虐な政治弾圧システムの中で欠かすことのできない役割を演じたとは信じられない」[36]，ヤフーの言い訳・弁解はアメリカ議会と国際社会のマスコミおよび人権組織など各界から厳しい非難を浴びている，と述べた。

以上にあげた中国政府批判者逮捕事件について，中国の法律がヤフーはネット利用者の個人情報を中国当局に提供しなければならないと規定しているかどうかはさておくとして，ヤフーがすでに個人情報非公開の基本原則に反してしまったことは明白である。ヤフーの中国での行ないは，自身の信用と道徳を外部の人々の疑問と批判にさらしてしまっただけでなく，ヤフーの長年にわたる中国での経営不振に一層拍車をかけてしまった。

2005年11月9日，ヤフーが中国で犯した誤りから経営上の困難を生み出した問題を解決するため，中国のアリババ社（Alibaba.com）はヤフー中国を買収合併することに同意し，ヤフー中国の経営主導権は中国人の手中に落ちた。これは，ヤフーがネット利用者の個人情報を漏洩したことの代価と見なされている。

2.2 マイクロソフトが「デリケートなキーワード」を封殺した事例

1998年，ソフトウェア最大手・米マイクロソフトは，中国で商品の販売を

開始し，2004年末，中国浪潮公司（社）と済南でグローバルな戦略的協力関係を確立すると発表し，翌2005年5月，マイクロソフトと上海市政府管理下の投資会社・上海連合投資有限公司（Shanghai Alliance Investment）は合資で上海MSNネットワーク通信科学技術有限会社を設立し，最初に中国で情報総合ポータルサイトを獲得したインターネット会社となった。

2004年6月7日，『中国経営報』の報道によれば，「2002年，中国の検索エンジン市場は2.3億元となり，翌2003年には5億元に増えた。ここから2004年には8.4億元に達し，2006年には23億元に達すると推測される[26]。」これほど目を見はるような成長実績を前に，マイクロソフトは中国インターネット市場の巨大なチャンスに屈服せざるを得ず，2005年6月13日，中国新聞検査部門が彼らのブログ領域に介入し，マイクロソフト中国版サイト上で自動過濾検査を実施することを中国市場でのマイクロソフトの業務展開の条件とすることに同意した。

しかし，マイクロソフトが中国で自動過濾検査制度を実施した問題は，ただちに外部の人々の疑問・疑惑を引き起こし，これに対してマイクロソフト市場開発部経理（社長）ゾーン（Sohn）は次のように説明した。

「マイクロソフトは，異なる市場に対しては異なる規定を持っている。これらの規定は，会社の商業的利益を十分に考慮している。たとえ濾過手段を使用するとしても，われわれマイクロソフトは人々の交流を助け，文書ファイルや写真の交換に巨大な貢献をしている。正にこの点こそが，われわれにとってカギなのである。」[37]

マイクロソフトが実施しているいわゆる「自動濾過検査」の規則とは，マイクロソフト中国版でネット利用者がMSNソフトのブログ・ホームページ上で「民主，自由，人権，台湾独立，デモおよびその他の中国当局によって政治的に敏感と見なされている語彙」[38]を禁止し，もし使用した場合は，ネット上に「これらの語彙は禁止されているので，別の語彙を用いて下さい」[38]という警

告が出てくるというものである。そのほか，マイクロソフトは，同社が提供する無料のMSN SPACES上でも「ネット利用者がブログを使用するさいに，一連の敏感な文字で個人ホームページを命名することを禁止」[39]している。例えば，ネット利用者は同サイト上でもし禁止された文字「民主」を入力したならば，画面上に「これは禁止された言葉です。これを削除して下さい」[37]という表示が出てくるのである。

マイクロソフトが中国のネット利用者に敏感（デリケート）な文字の使用を禁止している問題について，台湾国民党の通信社・中央社は次のように報道している。

「ある中国ネット利用者が2005年6月13日，マイクロソフトの中国版ポータルサイトに『民主』・『自由』・『人権』などのキーワードを入力したところ，検索の結果はゼロだった。MSN SPACESで『台湾独立』・『デモ』などの文字を入力しても無駄だった。」[40]

マイクロソフトのこうしたやり方は，中国のサイト審査制度への屈服と批判されている。それに対して，上海MSNネットワーク通信科学技術会社は，「MSN SPACESを使用しているユーザーは本サービスの『ユーザーが［中国の］地方と国家の法律に違反する内容を貼りつけることを禁止する』という行動準則を受け入れなければならない」[39]と主張している。しかし，国境なき記者団は，中国が公布しているいかなる法律の条文の中にも人民が「民主と自由」という文字の使用を禁止する明文規定はないと指摘している。上海MSNの言い分は，マイクロソフトが行なっている言論の自由抑圧への幇助行為を正当化する口実にすぎないだろう。

さらに，2005年12月30日，マイクロソフトはいかなる事前通知もせずに『ニューヨーク・タイムズ』駐北京記者趙京のMSN SPACESサイトの「アンチ・ブログ」の内容を削除した。その理由は，「趙京はブログ上で中国当局が『新京報』編集長を解任したことを批判した」[41]というものだった。中国政府

の言論の自由弾圧へのマイクロソフトのこのような幇助行為は，人権保護組織や記者保護組織から烈しい批判を浴びた。

　2006年1月31日，マイクロソフトは趙京ブログ削除のような問題の再発生を避けようとして，以前のブログ削除のやり方を変えると発表した。同年2月1日，マイクロソフトは中国版のサイトで，彼らがブログの内容を削除し，ブログの作者を拒絶するさいの原則を発表した。その内容は，おおむね次のようだった。

「① マイクロソフトは，国家政府が正式に公布した法律・命令に関係し，何らかのブログの内容が当該国の法律に違反していると指摘した場合のみ，それに対応した行動をとる。」[42]

「② 将来，もしも何らかの国家政府が何らかのブログの内容が当該国の法律に違反していると通知してきたならば，マイクロソフトはこの国の当該ブログにアクセスするチャネルを閉鎖するが，当該ブログは削除しないので，この国以外の人々は引き続きブログの内容にアクセスできる。」[41]

「③マイクロソフトは，透明度を高める。もし何らかのブログ作者が登録を拒否されたり，あるいはブログ内容が削除されたりしたら，マイクロソフトは作者に通知し，その原因を告知する。」[42]

　しかし，マイクロソフトの中国市場での行動は，ヤフーのようにネット利用者の個人情報を漏洩して逮捕・入獄させるというところまでは至っていないが，結局のところ，中国政府による言論の自由弾圧幇助に対する各界の非難をまぬがれることはできないでいる。

2.3　グーグル（Google）濾過検索キーワードとサイトの事例

　2000年，グーグルはアメリカに設置されているインターネット・システムを通じて中国語版の検索エンジンのサービスを開始した。当時，中国のネット

利用者はグーグルの検索サービスを使用できなかったわけではないが，中国政府の規制があったので，グーグルの速度は遅くなり，2002年8月にはグーグルは中国政府によって完全に封鎖されてしまった。

　中国政府がグーグルを封鎖した理由は，「グーグルを利用して中国当局に有害な情報が検索されている可能性がある」[25]というものだった。そのため，世界でも最良のグーグル検索エンジンを封鎖したのだが，こうしたやり方には中国各界の関係者から反対の声が起こり，ある者は「これは最も先進的な情報検索技術を国境の外に封鎖するのに等しい」[25]と批判した。さらに多くの有識者も，「政府はこんなことをしておきながら，『科学技術は第一の生産力』なんて言うのだろうか？笑い話ではないか？」[25]と批判した。その結果，中国当局は各界からの圧力を考慮し，グーグルに対する全面封鎖をとりあえず取り消さざるをえなかった。

　ところが，2003年10月18日，グーグルは中国政府によってまた封鎖されてしまった。

　この度の封鎖によって，中国本土の『新浪網』検索もできなくなってしまった。なぜなら，『新浪網』検索機能の核心部分はグーグルを使用していたからである。それゆえ，『新浪網』は中国全国のネット利用者の反対の声を組織して中国当局に今回の封鎖を取り消させようとした。それに加えて，グーグルもこれに屈せず，「中国当局と交渉しつつ，動画ネットを配信し，中国ネット警察を迎え撃つ」[43]という態度をとった。グーグルのこの姿勢は当時，各界の称賛を浴び，ヤフーと対照され，「グーグルは首が硬く，ヤフーは足が弱い」[43]と評された。すでに見たように，当時，ヤフーは中国当局の圧力に屈してヤフー検索サイト上で中国政府が「国家の安全と社会の安定に有害であると認定した情報」[43]を自動濾過し，中国当局が嫌う文字が出現しさえすれば，ヤフーは自動的にそれを封鎖するということに署名・同意していたからである。

　ところが，2004年，各界のグーグルに対する賛辞の中で，そのグーグルは，「すでに1億余のネット利用者が存在する中国市場を失わない」[44]ことを理由として，中国政府の政策に積極的に協力することに同意し，検索結果に中国政

府が禁止している情報・写真が見られないようにしてしまったのだった。さらに，2006年1月25日，グーグルは正式に新中国版のサーバー (http://www.google.cn)[44] を中国国内に移転し，中国のネットワーク法規の直接管轄下に運行させ，中国当局がタブーと見なす検索キーワードとサイトに対する濾過を実施しはじめたのであった。

グーグルは，中国政府がネット利用者の個人情報の提供を要求することを恐れたので，新たに提供したURLには「電子メール，チャット室，ブログなどやその他の内容」[44]は含まず，「ホームページ，画像を検索し，中国で検査した結果を提供する」[44]こととした。しかし，検索の結果はすべて中国当局が設定した手本を使用するので，ネット利用者は中国当局が操作している媒体情報しか検索できないのである。

『タイムズ』の報道によれば，中国のネット利用者は，「Google.cn で『法輪功』(中国で禁止された宗教団体) を検索したところ，全検索エンジンが20分間，閉鎖された」[45]と語っている。また，政府批判で有名な作家劉暁波は，「もし何らかのすでに封鎖された連結サイトにアクセスすれば，Google.cn は検索結果の下にイタリックで『当地の法律・法規・政策により，一部の検索結果は表われません』と出てくる」[46]と言っている。こうしたやり方では，中国のネット利用者は封鎖された「表われない」内容が何であるのかを知ることは永久にできない。

グーグルの対策は，中国のネット利用者が真実のネット世界を知ることを妨げている。中国のネット利用者が使っているGoogle.cn と Google サイト (http://www.google.com) の検索では，次のように内容が異なるのである。

① イギリスBBC1月25日の報道によれば，「一般のGoogle サイトで『法輪功』と入力すると，多数の『法輪功』関連サイトを検索できるが，Google.cn の検索結果としては「『法輪功』を攻撃するサイトおよび中共当局媒体『法輪功を暴露し，批判する』といった類の文章しか見ることはできない。」[44]

② Google.cn で「中華民国」を検索すると，「1912-1949 年の『中華民国』が出てくるだけである。なぜなら，当時，共産党はまだ政権を掌握していなかったからだが，一般の Google サイトで『中華民国』を検索すると，台湾の中華民国につながるのである。」[44]
③ 一般の Google サイトで「天安門」と入力すると「中国人青年王維林が天安門でたった1人でタンクを止めた歴史的画面」を見つけることができるが，Google.cn で同様の検索をすると，「タンクはなく，青年もおらず，軍人が国旗をあげ，観光客が写真をとっている風景があるだけである。」[44]
④ 「一般の Google サイトで『六四』と入力すると，2400 万個の検索結果が得られ，最初の 5 個は中共による 1989 年の学生デモに対する残虐な弾圧に関するものである。ところが，Google.cn で検索すると，9 万 5000 個にすぎず，どの 1 つも 89 年天安門事件をとり上げたものはない。」[47]

グーグルが中国に協力している行為について，アメリカ連邦議会の下院で公聴会が開かれ，各界も次のように批判した。

① 「国際人権組織は，「グーグルは中共の意にかなった情報しか提供せず，正義の全情報はおおい隠されている。Google.cn サイトは中央テレビ局同様，完全に中共の道具となっている」[48]と述べた。
② ハーバード大学法律学院「インターネットと社会」・バークマン・センター（Berkman Center for Internet and Society）執行長ジョン・パルフレイ（John Palfrey）は，AFP のインタビューを受け，「疑問の余地なく，グーグルが中国に進出するのは金もうけのためであって民主をもたらすためではないと言うだろう」[44]と述べた。
③ アメリカ連邦議会下院国際関係委員会主席スミスは，「グーグルは，金もうけのために，『悪いことはするな（do no evil）』という会社の理念

を顧みず，むしろ中国の言論審査政策の共犯者になり下がることを願った」[47]。

　グーグルの行為について，各界は不可解と感じた。その原因は，グーグルが中国政府に屈服する以前には，いかなるネット利用者の個人サイト検索記録もアメリカ司法部に対しては提供を拒んだばかりであり，「グーグルの秘密保護政策の規定によれば，ネット利用者の個人情報は外部に漏らさない。なぜなら，そういうことをすれば，ネット利用者のプライバシーおよびグーグル自身の商業機密を漏らす可能性があるからである」[49]と表明し，「ネット利用者を守るためなら，身を挺してアメリカ政府と対抗することを辞するものではない」[47]と強調していたからである。このグーグルの持論について，国境なき記者団のジュリアン・ペイン（Julian Pain）は，「グーグルは，アメリカに対しては政府による個人情報要求には反抗したが，中国に対しては，当局が数千個のサイトを禁止するのを幇助した」[47]，グーグルの2種類の異なる基準・規則は彼らの「do no evil」という会社の理念・信用を傷つけたと非難した。

　しかし，各界の非難を浴びている中で，グーグル情報総監アンドルー・マクロクリン（Andrew McLaughlin）は，「われわれは各国の法規を遵守しなければならない。われわれはまた，すでに濾過されたサイトの超連結（hyperlink）を提供していることは特に意味はないと考えている」[50]と回答し，さらに，「中共が禁止している情報をグーグルが自動的に封鎖しているのは，情報を提供しないよりはずっとよい」[47]と語った。これに対して，アメリカ連邦議会下院国際関係委員長スミスは，「中国問題において制限されている情報を提供することは，事実上，ニセの情報を提供しているのに等しい。半分本当で半分ニセの事実は事実ではなく，ウソであり，ウソは情報を提供しないよりもっと悪い」と反論した[33]。

　その後，グーグルは「中国市場を開拓するために行なわれている譲歩は，私たちが提唱している don't be evil という理念と著しく矛盾している」と認めた[44]ものの，こうした犠牲はそれに値するのだと強調した。これに対して，

市調（市場調査）研究機構『木星研究』アナリスト・ウィルコックスは，次の見解を示した。

> 「Googleがアメリカ司法部に情報を提供しなかったのは，アメリカでの商売を保護するためであり，中国では規制に従うのは商売をしたいからだという。グーグルが中国とアメリカでとっている行為から，彼らは金銭を道徳よりも重視していることがわかる。」[47]

以上に述べたように，アメリカのいくつかの科学技術会社は，中国における経済的利益を獲得するためにはよろこんでネット利用者が情報を取得する自由を中国政府が封鎖することに協力している。これに対して，特にヤフーが中国の警察当局にネット利用者の個人情報を提供したことによって記者師濤を含む政府批判者たちが逮捕された問題について，中国国務院新聞事務室ネットワーク局副局長劉正栄は，「現在までのところ，中国ではいかなる人であれ，ただ単にインターネット上で意見を発表しただけで逮捕されたことはない」と弁解し[33]，また，「中国のネット利用者の言論は十分活発であり，内容も各方面に及んでおり，その中には政治的性格の強い内容も含まれている」[33]と弁明したが，「政治的性格の強い内容」とはどのようなものなのかは説明しなかった。

続いて，2006年2月14日，中国外交部スポークスマン劉建超も，定例記者会見において，「一部の外国のメディアと国際人権組織およびアメリカの議会議員は，中国のインターネットについての政策についてよく理解しないままに中国政府に対して批判と非難を行なっている」[33]と主張した。

しかし，中国政府がヤフー，マイクロソフト，グーグルなどの検索エンジン会社に対して，中国国内のネットワーク内にネットワーク濾過器を設置し，中国当局がデリケートな文字と見なす文字を濾過し，ネット利用者たちがそれによって逮捕されたことは，紛れもない事実である。

一方，2006年2月15日，アメリカ連邦議会下院アフリカ・地球人・人権国際事務小組委員会およびアジア太平洋小組委員会などは議会で，シスコシステ

ムズ，ヤフー，マイクロソフトおよびグーグルが中国政府に協力してインターネットの自由を抑圧したと告発されている問題について，「中国におけるインターネット：自由か，あるいは抑圧の道具か？」[33]をテーマとして連合公聴会を開催した。そこで，アメリカ連邦議会下院国際関係委員会主席スミスは，「アメリカの会社が思想の自由を禁止する中国政府を幇助したことは，言論の自由を法とするアメリカの建国の精神に反している」[33]と指摘した。翌16日，「インターネットの自由な表現を促進し，アメリカの商業が外国の集団や国家政府の抑圧的行為およびその他の目的に参加させられることを防止するよう保護するために」[33]，アメリカ民主・共和両党の6名の下院議員は連名でアメリカ第109回議会に「2006年グローバル・インターネット自由法案」と略称される案を提出した[33]。同「法案」は，次のように規定している。

「専制政権国家において営業するアメリカの科学技術会社は，国際連合の『国際人権宣言』を順守する責任がある。アメリカのネット会社は，ネットの言論の自由を抑圧する国境外にウェブ・サーバーを設置しなければならない。また，外国政権にネット利用者の個人情報を提供したためにそれらの個人が『不公正に監禁される』結果をもたらしたアメリカの会社を，アメリカ市民は訴えることができることが認められなければならない。いかなるアメリカの会社も，その他の国家でヴォイス・オブ・アメリカ，自由アジア放送局を含むアメリカ政府のサイト情報を濾過することを厳禁する。」[33]

「2006年グローバル・インターネット自由法案」が提案されたことについて，中国外交部副報道局長の秦剛は，次のように反応した。

「私がここで強調したいのは，インターネットが法に基づいて管理され，その健全で秩序ある発展によって広範な公衆の利益を保護することは，世界のいかなる国家でも通用するやり方だということである。中国がこのよ

うにしているのは，アメリカなどその他の国家のやり方を手本にしており，出発点に違いはない。他方，いかなる会社といえども何らかの国家で営業するには，当地の法律と法規を順守しなければならない。これは，基本的な要求であり常識である。われわれは，アメリカの一部の人々が客観的で公正・公平な態度でこの問題に対処するよう希望する。」[33]

中国政府による情報と新聞の自由等を顧みない不合理な政策は，ヤフーによるネット利用者個人情報漏洩をもたらし，その結果，中国政府批判者逮捕を引き起こした。グーグルとマイクロソフトは，中国国内のネット利用者が外部世界の情報を獲得する通路を遮断し，中国政府に協力したにもかかわらず，いかなる反省もしなかったのだが，アメリカ連邦議会下院が何度も公聴会を行なって関連法案を制定すると，これらの会社は犯した誤りについて次のように反応しはじめた。

「① 2007年年初，『衛報』の報道によれば，グーグル創立者セルゲイ・ブリン（Sergey Brin）は，「商業的な角度から言えば，中共のネット監視制度に協力するという決定はグーグルにとって不利だった。なぜなら，このようにすることは，当初会社創立時の『do no evil』という誓いに反していただけでなく，グーグルの評判を損なってしまったからだ」[51]と認めた。

② 2007年10月26日，ヤフーは，アメリカ連邦議会下院外交委員会で「グローバル・インターネット・アクセス自由法案」が可決されたのち，はじめて反省の態度を表明した。AFP2007年11月6日の報道によれば，ジェリー・ヤン最高経営責任者（CEO）を含むヤフー上層部の人々は，アメリカ連邦議会下院公聴会で中国政府批判者の被害者家族に謝罪した。」[52]

しかしながら，逮捕された中国政府批判者たちが釈放される日を迎えなけれ

ば，ヤフーはやはり社外からの非難に直面し続けなければならないだろう。

アメリカ連邦議会下院が行なった一連の公聴会および各界の批判・非難を経て，今後アメリカ企業が直面する重要な課題は，いかにして商業的な利益をすべての上に置きたいという誘惑を回避し，人権と道徳の擁護を堅持し，インターネットを利用して中国のネット利用者が自由に情報を取得することを援助し，中国が真に民主的で自由な国家になることを促進するかということであろう。この「グローバル・インターネット・アクセス自由法」がいかなる効果を生み出すかは，注目されるところである。

3 インターネット発展状況の調査と実態

3.1 CNNIC によるインターネット発展状況調査

1997年6月3日，中国ネットワーク情報センター（以下，CNNICと略称）は，中国国家主管部門の批准を経て，中国ドメイン名登録管理機構およびドメイン名ウェブ・サーバー運行機構となったのち，「わが国のインターネット接続コンピューター，ネット利用者数，ネット利用者分布，情報流通量分布，.cnドメイン名の登録面の状況の統計情報」[53]を掌握するために，国際的な慣例を参照し，ネット接続コンピューターの捜査，ネット接続調査などの方法を採用して中国インターネット発展統計調査プロジェクトを実施し始めることを決定し，1997年11月，最初の「中国ネットワーク発展状況統計報告」（以下，「統計報告」と略称）を発表した。この統計数値の調査は1997年10月31日までで，統計項目は以下の通りだった。

「(1) インターネットに接続しているPCの台数
(2) ネット利用者数
(3) .cnドメイン名の登録者数（AC, COM, EDU, GOV, NET, ORG, 行政区ドメイン名を含む）
(4) Webサイト総数

第4章　中国インターネット事情　187

(5) 海外バックボーンの総容量（CSTNET, CHINANET, CERNET, CHINAGBN を含む）。接続している国家と地区にはアメリカ，ドイツ，フランス，日本，香港等がある。ネット上の各種情報の流量比（FTP, Telnet, Email, WWW, その他を含む）

(6) 調査（CNNIC はネット上に WEB 調査・インターネットアンケート・ホームページを置き，4 つのインターネット単位と国内の 8 つの有名な ISP のホームページにも接続し，2 カ月間置く。コンピューター世界報にネット利用者アンケートを掲載し，ネット利用者の書きこみに供する）。項目は，①性別，②年齢，③ネット利用者が所属する省，自治区，直轄市，④ネット利用者の職業，⑤ネット利用者の家族全員の 1 カ月平均収入，⑥ネット利用者がアクセスする地点，⑦ネット利用者が使用しているプラットフォーム，⑧ネット利用者が毎週ネットにアクセスする時間，⑨ネット利用者がネット上で得たい情報，⑩現在のインターネットで不満なのは：a. 接続費用が高すぎる；b. 接続速度が遅すぎる；c. 中国語の情報が少なすぎる；d. 情報にアクセスする以外にできることが少なすぎる。」[54]

上述の第 1 回「統計報告」中，インターネットに接続している PC 数は 29.9 万台，ネット利用者数は 62 万，.cn ドメイン名の登録者数は 4066 件，Web サイト総数は 1500 個，"海外バックボーンの総容量は 25.408Mbps，有効回収アンケートは 1802 件（そのうち，WEB 調査・インターネットアンケートに記入したのは 38%），男性 87.7%，女性 12.3% だった。

続いて，CNNIC は 1998 年 7 月，第 2 回「統計報告」を発表した。その調査期間は 1998 年 6 月 30 日までで，「統計報告」によれば，インターネットに接続している PC 数は 54.2 万台，ネット利用者数は 117.5 万，.cn ドメイン名の登録者数は 9415 件，Web サイト総数は 3,700 個，海外バックボーンの総容量は 84.64Mbps などで，項目は第 1 回より増加した。1999 年 1 月，CNNIC は第 3 回「統計報告」を発表した。このように，毎年 7 月と 1 月に 1 回ずつ統

計がとられていった。2007年7月31日,『中央社』の報道によれば,「アメリカの最新の調査報告によると,現在,中国には約1億3700万人のネット利用者がおり,アメリカに次いで世界第2位で,インターネット使用者数の増加速度は世界一である」[55]。同年のCNNICの調査によれば,「2007年12月までに,中国のネット利用者数は2.1億人に増えており,わずかにアメリカの2.15億人より低く,世界第2位である」[56]。この調査結果は,中国のネット利用者を鼓舞するものであった。なぜなら,彼らは早くからアメリカを追いこして世界一になることが目標だったからである。

2008年7月24日,CNNICが発表した第22回「統計報告」によれば,「2008年6月末までに,わが国のネット利用者数は2.53億人に達し,はじめて大幅にアメリカを超え,世界第一位となった」[57]。この「統計報告」の結果,世界で人口最多の中国はネット利用者最多の国家となったのであった。(2010年1月15日,CNNICの発表によれば,2009年12月現在,3億8400万人になっている。) 同日,中国国内の少なからぬサイトは競ってこの中国人に誇りと面子を感じさせるニュースを報道した。『新浪網』も,これを伝えた[58]。ネット利用者数のほかに,ADSLネット利用者数も2.14億に達し,世界一になった」[57]。しかし,CNNICが発表する前の2008年1月17日,『網易科技網』はすでにニュース予測を出していて,「わが国のネット利用者数は来月,アメリカを追いこして世界一の大国となるかもしれない」[56]としていた。これらには,中国人が世界一になれるか否かを大変気にしている彼らの心情が表われている。

CNNICが発表した第22回「統計報告」によれば,2008年7月22日までに,「.cnドメイン名の登録総数は1218.8万個で世界一,ADSLネット利用者数も世界一となった」[57]。中国は,ネット利用者数,ADSLネット利用者数,.cnドメイン名の登録総数という3項目では世界第一位を占めたが,インターネット普及率では19.1%にとどまり,世界平均の21.1%よりは低かった。しかし,2009年1月13日,第23回「統計報告」の結果によれば,中国のインターネット普及率は22.6%に達し,ついに21.9%という世界平均水準を越えたのだった。今回の統計調査項目は,「ネット利用者規模,ネット利用者の構造的特

徴，ネット利用者の生活形態，ネット利用者のインターネット応用，ネット利用者のインターネット応用行為のグルーピング，重点グループのインターネット応用行為，農村ネット利用者数」[59]などの新たな項目が加えられ，それぞれ詳細な数値が把握された。

中国がネット利用者最多国家となったのち，CNNIC の「統計報告」数値は中国のネット利用者の敏感な神経をますます高ぶらせ，各サイトは争ってこの報道を引用し話題材料とした。例えば，『騰訊科技網』は 2009 年 1 月 13 日，CNNIC が第 23 回「統計報告」を発表したのと同日，早速，これを引用して，「農村ネット利用者規模は 8,460 万に達し，そのうちでは男性が多数を占めた。中国西部のネット利用者数は増加速度が一番速い。2.98 億人のネット利用者数のうち，1.62 億人はブログを書いている。携帯でアクセスするネット利用者ははじめて 1 億を突破した」[60]と報道した。同年 3 月 6 日，台湾の『連合報』も，以下の 2 本の記事を掲載した。

① 「CNNIC の調査によれば，大陸のネット利用者の成長は速く，インターネット普及率は 22.6％に達し，世界平均 21.9％より高くなった。このほか，大陸で使用されている ADSL のネット利用者は 2.7 億人，.cn ドメイン名の登録数は 1357.2 万件で，いずれも世界のインターネット分類中第 1 位を占めた。」[61]
② 「最新の調査によれば，大陸のネット利用者は 2.98 億人で，世界一となった。そのうち，携帯でアクセスするネット利用者は 1 億人余で，しかも多くは『山寨機』（中国国産の模造品で，外国製品のブランド盗用品）を使用しており，大陸インターネット発展の一大特色となっている。」[61]

CNNIC が 1997 年 11 月から 2009 年 1 月 13 日までに発表した 23 回の「統計報告」のうち，表 1 から第 8 回の「Web サイト総数」，第 9 回，第 10 回の「.cn ドメイン名の登録総数」および第 11 回の「海外バックボーンの総容量」などは減少するという現象が見られた。その原因を考えると，CNNIC 情報サ

表 3-1　第 1-23 回の統計報告

	締め切り調査期日	インターネットに接続しているPC数（万台）	ネット利用者数（万人）	.cnドメインネームの登録総数（件）	Webサイト総数	海外バックボーンの総容量（Mbps）
第1回	1997年10月31日	29.9	62	4,066	1,500	25.408
第2回	1998年6月30日	54.2	117.5	9,415	3,700	84.64
第3回	1998年12月31日	74.7	210	18,396	5,300	143.256
第4回	1999年6月30日	146	400	29,045	9,906	241
第5回	1999年12月31日	350	890	48,695	15,153	351
第6回	2000年6月30日	650	1,690	99,734	27,289	1,234
第7回	2000年12月31日	892	2,250	122,099	265,405	2,799
第8回	2001年6月30日	1,002	2,650	128,362	242,739	3,257
第9回	2001年12月31日	1,254	3,370	127,319	277,100	7,598
第10回	2002年6月30日	1,613	4,580	126,146	293,213	10,577
第11回	2002年12月31日	2,083	5,910	179,544	371,600	9,380
第12回	2003年6月30日	2,572	6,800	250,651	473,900	18,599
第13回	2003年12月31日	3,089	7,950	340,040	595,550	27,216
第14回	2004年6月30日	3,630	8,700	382,216	627,000	53,941
第15回	2004年12月31日	4,160	9,400	432,077	668,900	74,429
第16回	2005年6月30日	4,560	10,300	622,000	677,000	82,617
第17回	2005年12月31日	4,950	11,100	1,096,924	694,200	136,106
第18回	2006年6月30日	5,450	12,300	1,190,617	788,400	214,175
第19回	2006年12月31日	5,940	13,700	1,803,393	843,000	256,696
第20回	2007年6月30日	6,710	16,200	6,150,000	1,310,000	312,346
第21回	2007年12月31日	7,800	21,000	9,000,000	1,500,000	368,927
第22回	2008年6月30日	8,470	25,300	11,900,000	1,919,000	493,729
第23回	2008年12月31日	-	29,800	13,572,000	2,878,000	640,286.67

出所：『CNNIC』1997年11月～2009年1月「中国ネットワーク発展状況統計報告」から作成。

ービス部副主任王恩海の分析によれば，「『ネットバブル』のあいつぐ破綻に伴い，2001年，世界のインターネットは『厳冬』期に入った。こうした国際的な大環境下では，中国インターネット業も2001年上半期には同様に低迷と不景気を経験したのであった」[62]。中国はインターネット業発展の途上に世界ネットバブルに遭遇したのだが，表3-1からわかるように，中国は速かに難局を

突破し，引き続き急速な増加の趨勢を呈したのだった。

2009年1月13日，CNNICが発表した第23回「統計報告」によって中国インターネットの普及率が世界一となったことが明らかとなり，中国は疑問の余地なく世界最大のインターネット市場となった。この現象について，世界各国は理解できず，国境なき記者団は，「中国はインターネットですべての批判的言論に対して濾過・削除を行うと同時に，インターネット業の発展に何の障害も生じていない世にも稀な国家である」[63]と評した。中国がいかにして一方で厳格にインターネットを監視すると共にインターネットの高度成長を維持するということができたかという問題について，2007年1月17日，中国情報産業部副部長奚国華は，「騰訊科技公司調研座談会」で次のような説明を行なった。

「不良な情報，社会の安定に影響を与える情報については，政府による管理と業界の自己規律に依拠しなければならない。管理部門はインターネットを『両手でつかむ』政策を実施しなければならない。片手で発展をつかみ，片手で管理をつかみ，関連する法律・法規による健全化，適用を積極的に推進する。同時に，ネットワークの健全な発展は，やはり業界の自己規律に依拠しなければならない。一方では企業自身の自己規律であり，積極的に社会的責任を担い，同時に企業の利益と社会的な利益，業界全体の自己規律を考慮し，他方ではネット利用者が自覚的にインターネット上の不良な現象に抵抗するよう指導を強化するのである。」[64]

奚国華が強調している「業界の自己規律」という問題については，実はすでに2000年12月7日，中国文化部，共青団中央，中国放送テレビ総局，中国全国学連，中国国家情報推進事務室，光明日報，中国電信，中国移動電話などの単位が北京で共同で「インターネット文明工程」を始動させ，「文明的接続，文明的ホームページ作成，文明的ネット」[3]などのスローガンを標榜して，国家のインターネット監視政策を支持していた。同年12月12日，中国政府のインターネット監視政策に応じた「人民網」，「新華網」，「中国網」，「央視国際

網」,「国際在綫網」,「中国日報網」,「中青網」に対して，中国国務院新聞事務室はいち早くニュースを掲載する業務を認め，重点的ニュース・サイトとすることを批准していた。

3.2 インターネット上の監視実態

中国政府は，インターネットに対する徹底的な監視政策を施行するために，すでに述べた外国の最新の科学技術を導入する以外に，自国の研究開発を担う人材を積極的に訓練し，インターネット上の各大規模サイト自身が言論検査部門を設置し，事前に自己審査を行ない，違法サイトに対しては差し押え，逮捕あるいはサイト削除などの方法による処罰を行なうと規定した。そのほか，激励という方式を利用してネット利用者が公安機関の手先となって中国当局が有害と見なす情報を通報するよう誘導した。例えば，2004年，中国インターネット協会の下部委員会はネットワーク上に「違法・不良情報検挙センター」というサイトを開設し，ネット利用者がネット上で見た違法な内容を通報するよう呼びかけた。

中国公安機関は，ネットワーク上の有害な情報や不良な言論を取り締まるうえでまったく仏心などはなく，絶大な権限を振るっている。『中央社』には，次のような報道がある。

「中国各地の公安機関は，当地のインターネット情報サービス機構に対して絶対的な統制権を持っており，情報サービス会社にそのサイト上のいかなる情報であれ任意に削除を命令することができるだけでなく，公安スタッフは自分で彼らが有害と認めた中共のイメージと利益を損なうと考えられる情報を削除することができ，特定のネット作家がネット上で言論を発表するのを禁止することができるのである。」[65]

中国政府は，日ましに増加するネット利用者がネットワーク上で安易に情報を交換し，中国当局に不利な言論を発表することを恐れ，上述の「違法・不良

情報検挙センター」を設置したほか，ネット警察とネット仮想警察およびネット評論員・管理員を創設し，ネット利用者の言論に万に一つの失敗もない監視を行なおうとした。

(1) ネット警察

1998年，中国公安部は仮想のネット社会上で本当の犯罪が演じられる状況に対応するため，専門的技術を持った大学卒業生を大量に募集し，インターネットを監視しはじめた。彼らのやり方は，「ブラック・ケース・ワークを採用し，対外的に公開せず，否認もせず，説明もしない」[66]というもので，彼らは日夜を問わずインターネットにアクセスし，反党情報を捜索している。

2000年には，安徽省は全国で最も早くネット警察を持つ省区となった。2003年，中国公安部はインターネットに対する監視効率を高めるため，ネット警察隊伍を編成し，ネット警察を全国20の省，市，自治区に展開した[67]。

中国公安部は，ネット警察の人数について一切説明を行なっていないので，一部のメディアはこの点に関するニュースをそれぞればらばらに報道するという現象が起こった。以下にいくつかの例をあげよう。

① 『資安之眼』の報道によれば，「中国公安機関は4万名以上のネット警察を編成した。」[68]

② 『連合報』の報道によれば，「90年代末より，中共情報産業部と公安部はネット警察を設立し，外電によれば2005年に数万人に達したとのことである。」[69]

③ 『ニューヨーク・タイムズ』の報道によれば，「長年にわたって，中共は約5万名のネット警察をつくり，インターネットを監視し，インターネットの情報伝達を阻止した。」[70]

④ アメリカ駐在中国記者張偉国は『ヴォイス・オブ・アメリカ』のインタビューを受けたさい，「中国ネット警察は初期に3万余人だったが，2007年現在，すでに20余万人に達しているとのことである」[71]と語った。

図1 中国深圳市のネット仮想警察（警警と察察）

出所：『CNET サイト』2006 年 4 月 24 日。

(2) ネット仮想警察

中国公安はネット警察がコントロールしているインターネットの一部のブラック・ケース・ワークを公開化するために，ネット仮想警察構想を打ち出した。

2006 年 1 月，中国深圳市公安局は 2 つの動画を使ってつくったネット仮想警察を発表した。彼らは，「警警」・「察察」（図1）と名付けられた。彼らは，それぞれ自分のブログとチャット室を持っており，日々精密になる科学技術を利用してネット上の犯罪と不良な情報を監視し，その中でもデリケートな政治問題については特別に注意を払い，同時にネット上の情報をふるいにかける仕事を行なう。

ある深圳の役人の言うところでは，「2 つの動画警察の主要な任務は，ネット利用者に慎重にインターネットを使用し，ネット上の行為を自己規制し，インターネットの秩序を守る必要があると注意を促すことであり」[72]，もしネット利用者がネット上で違法あるいは不良な情報を発見したときは，深圳市公安局専用に設置した「ネット通報拠点」に通報することができる。同年，深圳市公安局が公表したネット利用者による通報件数は，「2006 年 3 月から 12 月までにネット警察分局がネット上に設置した通報プラットフォームに寄せられた通報は 6564 件であり，そのうち有効だった通報は 4335 件だった」[73]，ネット警察分局の関係者は，中国のネット犯罪は一貫して増加し続けている。彼は，

新たに設置されたネット警察は必ずや日々混乱しているインターネット空間を監視する能力があると確信していると述べた。

2007年1月27日，香港『文滙報』の報道によれば，深圳市公安局ネット仮想警察の背後には，150人のチームが存在し，年齢は30歳以下で，専門的なコンピューター技術を持つネット警察官が指導している。同紙は，この150人のネット警察について次のように紹介している。

「この150人のチームは，仮想世界のネットの安全に責任を負っている。これらの警察官は1人1人『ハッカー』のような専門的技術を持っており，自家薬籠中の専門技術を発揮して，ネットを利用して犯罪を隠匿する過程や伝統的な警察の各種手段では監督管理できない仮想的な犯罪行為をロックするので，ネット利用者は彼らを『科学技術警察』と呼ぶのである。」[73]

この「科学技術警察」の通常の主要な任務は，専門技術を利用してインターネット上を巡察し，ネットの安全を守ることで，ネット利用者は一旦ロックされたら逃れることは困難である。

深圳市公安局が推進しているネット仮想警察が少なからぬ成果をあげたことにかんがみ，北京市公安局も2007年9月1日，ネット上にネット仮想警察を設置すると発表し，記者会見で，「『ネット仮想警察』を推進する趣旨は，インターネットの法規（令）に基づく公開管理を展開し，ネット文化の建設を強化するためである」[74]と説明した。『北京晩報』の報道によれば，「北京市公安局ネット監督処は13個のポータルサイト，960余万個のサイトのホームページ上に『首都ネット通報サービスセンター』を設立する予定である」[75]と言う。ネット利用者は，ネット上でサイトに違法な内容あるいは自分の仮想財産が被害を受けているのを発見したら，動画の絵あるいは通報マークをクリックすれば，自動的に北京市公安局情報ネットワーク・セキュリティ通報サービスサイトに接続するのである。

深圳市と同じく，北京市のネット仮想警察にも情報技術・探偵に精通した専

図2　中国北京市のネット虚擬警察

出所：『CNETサイト』2007年8月30日。

門ネット警察官がいて指揮している。彼らの職責は，以下のようになっている。

　　「瞬間的に消えるネット情報の中で，ドメインネームを乗っ取り，キーワード濾過，ネット探査，ゲートウェイIP封鎖，電子数値取得などの技術的識別法を使用し，関連情報を取得する。公共情報の伝達を管理・監視する。ネットに有害な情報の特定項目の管理に関わり，関連部門と協力して不法サイトを処理し，不良情報を削除し，インターネットの安全を守り，安全システムの科学技術建設を強化する。」[76]

『瞭望新聞週刊』の報道によれば，北京市のネット仮想〔虚擬〕警察は，成立後わずか4カ月で，「ネット上で有効な通報10,893件を受けとり，そのうちネット・ポルノ類400件，ネット詐欺類4647件，ネット博打類23件，有害情報類291件，ウイルス攻撃類221件，その他違法情報類5311件だった」[76]。北京市公安局ネット監督処処員によれば，ネット仮想警察の推進はネット上の有害情報や違法犯罪活動を抑止する効率を以前の4倍以上に高めた。

　北京市の重点サイトおよび中小サイトからは，北京市が設置した男女1人ず

つのネット仮想警察（図2）を簡単に見ることができる。彼らは，24時間，すべての主要ニュース・ポータルサイトおよび北京に位置するサイトとネット上の論壇を巡回し，30-45分ごとにオートバイやパトカーに乗り，あるいは徒歩でネット利用者のホームページの下に現れる。その出現時間は，約2分続き，時には2人一緒にパトカーに乗ってホームページの中間の位置に来たとき，下車してネット利用者にネットの安全注意事項について注意する。ネット利用者が通報しなければならないときは，ネット仮想警察のウィンドーをクリックしさえすれば，北京市公安局サイトの検挙センターに接続していかなる不法活動であれ検挙することができるのである。

北京市公安局がネット仮想警察の設置したのは，新たなインターネット監視活動ではないかとの外部からの疑いについて，北京市公安局ネット監督処の責任者は「仮想世界の現実世界に対する影響は日ましに急増しており，仮想警察はインターネット上の有害情報の伝達行為と違法な犯罪活動を阻止するためにネットワークの秩序の維持に協力している」[77]と強調したが，こうした説明は外部世界およびネット利用者から受け入れられなかった。

『連合新聞網』の報道によれば，「少なからぬ中国国内外の知識人は，中国公安部門のこうしたやり方は中国社会の発展と進歩を損ねていると不満を抱いて」[78]おり，署名「3.blog」のネット利用者は『台湾サイト』に「まったくひどい。長城に登らなければ男じゃない（「日光を見ないで結構と言うな」といった類のことわざ）。ある種の動画を見ていると，30分ごとにネット利用者の画面の下方には，パトカーが出てくるんだ。まったくもう！」[79]とメッセージを書きこんでいる。署名「5.mrweng」のネット利用者は「本当にこわいよ。どういう技術でホームページ上のキーワードを検閲するんだろう」[79]と答えており，「どの家の門口にも1人ずつ武装警察が立っているなんて，われわれの社会はますます和諧（「調和」社会という意味の胡錦濤のスローガン）というわけじゃあるまいに」[77]というネット利用者の『新華網』でのメッセージもある。ネット利用者たちは，ネット仮想警察の設立について違和感を感じ，うっかりしてレッテルを貼られて検挙されるのではないかと深く恐れているのであろう。

一方，中国政府がインターネットの監視を実施している過程で，少なからぬサイトは業界自己規制を徹底的には行なわなかったため，当局の不満を買った。このため，2005年，中国政府は声明を発表し，中国国内のすべてのサイトが行動準則を順守し，中国当局に非友好的あるいは政治的にデリケートなどの情報について自己検査を行なうよう強く要求し，同年3月に公布した新しい規則では「あらゆる中国サイトは6月末以前までに政府に登録すること，さもなくば，ネット警察によって閉鎖されるだろう」[40]と警告した。

翌2006年4月13日，上述の問題を緊急に解決するために，中国の50余名のインターネット専門家，学者，メディア工作者および当局からなる北京ネットワーク・ニュース評議会が設立された。同会は設立後まもなく，「今期にすでに13個のサイト上で常時，不良情報を発表しているIPアドレスを閉鎖し，100余名のネット利用者に警告し，サイト上の200万件の不健全なメッセージと写真を削除し，600余のネット上の論壇を閉鎖した」[80]と公表した。同会は，「新浪」，「捜狐」，「中国捜索」，「捜房網」，「網易」，「博客網」，「TOM網」等の北京の7主要サイトを含めて，不良情報があると名ざしで批判したが，何が不良情報であるのかは説明しなかった。

いわゆる「不良情報」問題について，2006年4月25日『自由亜洲電台』記者石山のインタビュー報道によれば，「元北京大学新聞伝播学院副教授の焦国標は，おそらくは中共政権が好まない反共，反政府および中国共産党中央宣伝部のイデオロギー・システムに抵触する情報であろう」と語ったと伝えている。すでに停刊している電子雑誌『大参考』の主編李洪寛は，「中国政府はニュース内容に厳格な統制を実施しているので，論壇（フォーラム），ブログおよびネット・メッセージなどはネット利用者が不満を表現する主な場所となり，とりわけブログは自由に貼りつけられるので自由度が比較的高い」[81]と語っている。中国政府が我慢できない言論でありさえすれば，削除あるいは閉鎖されてしまうことになるわけである。

中国公安機関は，ネット警察が「ネット文明を主導し，ネットの規律を確立する」[69]ことによってブログやポルノ等のサイトに打撃を与えると強調してい

る。ネット警察に封鎖されたサイト，IPアドレス，ブログ，自由論壇は数知れない。

(3) ネット上の言論指導員

2004年末，中国政府はさらに一歩進めてインターネット上の言論を統制するために，第1期として全国各地で127名のネット評論員を養成し，同時に反腐敗・清廉潔白ネット宣伝工作指導小組を設立し，「同組織と中央宣伝部，中央外宣辦，人民網，新華網などのメディアと共にネット宣伝工作連合会議制度を創設し，ネットニュースおよび世論の統一管理・統制を行なう」[82]こととした。

翌2005年4月28日，『南方週末』の報道によれば，江蘇省宿遷市は訓練を終了した26名のネット評論員を招聘した。これらの人々は，政府宣伝部およびニュースの編集部・公安警察を含む政府機構から派遣された人たちであった。

このほか，中国当局は全国各大学から大量の学生を集め，ネット言論指導員とした。これらの学生は，常日頃，教授たちと共にネット論壇に参加し，政治的に「正しい」議題を自発的に提案して討論を起こし，健全な話題を指導し，もし攻撃的色彩の文章あるいは言論があれば，ただちに学校ネット管理員に通知してそれを削除するので，これらの学生たちは外部からは「交通警察のようであり，密告者のようでもあり，またネット論壇の指導者のようでもある」[70]と形容されている。

これらの大学生たちがネット上で監督の役割を演じている行為は，一般学生たちに不安を引き起こし，『ニューヨーク・タイムズ』が上海大学で行なった取材の結果，多数の学生は「500名の学生がキャンパスで監視を行なっている。不可思議なことだ」[70]と語った。機械系のある学生は，「私は，誰であれ，ネット上で何らかの情報を統制できる人間がいてもいいとは思わない。もしここで話せないなら，私は別の場所へ行って話してもいい。とにかく何千何万というネットがあって，自由にしゃべっていいんだよ。ましてや，ファイアーウォールなんて突破するのはむずかしいことじゃないさ」[70]と不満をぶちまけた。香港『東方日報』の報道によれば，「少なからぬネット利用者は，『管理』され

たあとは，ネット上で言いたいことが言えなくなるのではないかと思い，ブログでデリケートな問題を書いたら『封鎖』されるのではないかと心配している」[83]。また，あるネット利用者は，「ブログというこの民主的な道具が名ばかりになってしまうのではないかと心配だ」[83]と述べている。中国当局のインターネット上での言論に対する弾圧は尽きることがなく，すでに日常生活の一部分となっているので，中国のネット利用者はアクセスするたびに戦々兢々とし，うっかりしてコンピューターの画面上に突然，ネット警察の警告の文字が表われるとか，密告者に検挙され，場合によっては逮捕されるのではないかという可能性を心配しているのである。

おわりに

　西側の自由文明の伝達メディア・インターネットは，中国に導入されたのち，中国当局は外国の最先端技術を利用し，情報を封鎖できる自由のない中国社会主義式のメディアを建設したのだが，ネット評論員沙水清はネット上でインターネットが中国で発展したのは「わが国の開放政策のもう1つの大成果」[84]であるとたたえた。

　中国政府は，中国のネット利用者が中国当局に不利な外国の情報に接触するのを防止するために，巨額な資金を惜しまず，いわゆるネットの万里の長城，「防火牆GFW（ファイアーウォール）」を建設し，ネット利用者の言論の自由を厳格に監視・抑圧し，経済的利益によってアメリカのヤフー，マイクロソフト，グーグル等の会社を操ってインターネットとホームページの封鎖・濾過に協力させ，ネット利用者の個人情報を中国当局に提供させ，少なからぬネット利用者の逮捕という事態までもたらした。

　中国政府は，あらゆるネット上の言論を掌握するために厖大な人力と物力を惜しみなく投入した。各種の法規を制定し，業者の自己規律を要求し，さらに専門技術を持つ厖大なネット警察を訓練・組織し，毎日24時間，ネット上で監視と取り締りを行ない，少なからぬネット評論員・管理員を訓練し，大学生

と教授を利用してネット上の言論指導員とし，中国当局がネット上の世論を監督し指導するのに協力させた。

2007年1月23日，中国共産党総書記兼国家主席胡錦濤は，中共中央政治局第38回集団学習会で，「新しい精神をつくりだし，ネット文化の建設と管理を強化しよう」をテーマとして演説をし，その中でネット文化の建設と管理を強化する次の5項目の要求を提起した。

「① 社会主義の先進文化の発展方向を堅持し，ネット上で思想文化の主旋律を歌い，科学的真理の宣伝に努め，先進文化を伝え，科学的精神を唱導し，美しい心をつくりだし，社会の正しい気風を高揚させなければならない。
② ネット文化の産物やサービスの供給能力を高め，ネット文化産業の規模化，専門化の水準を高め，広大な精神の中華文化をネット文化の重要な源泉とし，中国の優秀な文化の産物をデジタル化し，ネット化を推進し，高品位の文化データの伝達を強化し，中国の気概を備え時代精神を体現し品位の高いネット文化のブランドをつくりだすよう努め，ネット文化がうるおいある心を発揮し，情操を陶冶し，身心を愉悦させる作用を推進しなければならない。
③ ネット上で思想・世論の陣地建設を強化し，ネット世論の主導権を掌握し，ネットの指導水準を高め，指導技術を究め，積極的に新技術を運用し，正面の（「肯定的な」の意）宣伝力を強め，積極的で前向きな主流世論を形成しなければならない。
④ 文明的ネット，文明的アクセスを唱導し，ネット環境を浄化し，文明的で健全な，積極的で前向きなネット文化の雰囲気を共につくり共に使うという精神的家庭をつくりだすよう努めなければならない。
⑤ 法に基づく管理，科学管理，有効管理を堅持し，法律，行政，経済，技術，思想教育，業界自己規律などの手段を総合的に運用し，法に基づく監督・管理，業界の自己規律，社会的監督，規律あるインターネ

ット・データ伝達秩序を速かに形成し，国家文化のデータの安全をしっかり守らなければならない。」[85]

2007年4月，中国重慶で「釘子戸」事件が起こった。この事件は，開発に伴う自宅のとりこわしに抵抗した家主をネット利用者たちが応援し勝利した事件で，「大陸で最初にブログを通じて対外的に情報を送り，ネット利用者がネットで熱烈に討論を行なった先例である」[86]と言えよう。また同年6月，中国では中南海を驚かせた山西奴隷労働者事件が起こった。この事件は，400人ぐらいの子供が失踪したために家長が集まってネット上で救助を求める手紙を発表し，その結果，ネットを通じて広くニュースが伝わり，転送され，広範なネット利用者の関心を引き起こし，一部の全国的なメディアがそれを報道せざるをえなくなり，最後には山西レンガ工場の奴隷労働者・児童労働者の問題を摘発したのだった。以上2件の事件が発生したのち，中国各地の民衆の抗議運動の写真や動画はネット利用者によってネット上に貼りつけれられ，中国当局のネット政策に対する新たな挑戦となった。それゆえ，中国の各級機関はインターネットの力の恐ろしさを意識し，引き続き新しい対策を考慮せざるを得なくなった。

2008年2月22日，中国当局は国家の利益と公の利益の擁護を促進するという理由で，「人民網」，「新華網」，「中国網」，「国際在線」，「央視国際」，「中青網」，「中国経済網」，「中国広播網」等の8つの中央ネットメディアを対象として北京で「中国インターネット視聴番組サービス自己規律公約」[87]の調印式を行ない，健全な視聴番組情報システムを建設し，監督・管理権限のある公約を設定し，各種の手段を通じて既得権を持ったサイトに一部の監督・管理権限を賦与しようとしたが，たちまち民間サイトの激しい批判を浴びてしまった。

2008年6月末，中国のネット利用者数ははじめてアメリカを超え，世界一になり，同年7月22日，中国の.cnドメイン名の登録総数とADSLネット利用者数も世界一となり，同年12月31日，中国インターネットの普及率も世界各国の平均水準を超えたにもかかわらず，中国政府はネット利用者の言論の自

由への抑圧を停止しようとはせず，手を変え品を変えて中国当局が好まないブログとサイトに対する監視・封殺を強化した。

中国国務院の役人は，メディアで繰り返し「インターネットがすでに中国民衆が自由に意思を表明し，政治に参加する重要なルートとなっているということは，きわめて重要な議論の土台である」[88)]と表明しており，国務院総理温家宝も2006年の「両会」(全国人民代表大会と政治協商会議)記者会見で，「中国政府はインターネットの発展と広範な応用を支援する。人民の政府として，大衆の民主的監督を受け入れ，そこにはネット上の広範な意見を聴取することも含めなければならない」[89)]と述べたが，すでに紹介した多数の事例から見て，中国国務院の発言には自己矛盾がある。もしも民衆が真に「自由に意思を表明」できるのであれば，多くの人力・物力を投入してネット上の言論とサイトを監督・封殺する必要はなく，ネット利用者が逮捕される事件も起こるはずがないのである。

21世紀はインターネットの世紀であり，中国のネット利用者はコンピューターを使用してアクセスするほか，携帯も早くから簡単なメールを伝達し，情報を交換する最重要の手段となっており，とりわけ匿名携帯利用者がつくりだす社会の動揺と不安および「ネット憤青」(憤慨した青年たち)などの問題は，正に中国が引き続き，一方で厳格なネット政策を実施しながら，一方でインターネットの高度成長を維持できるのかどうかを検証しつつあると言わなければなるまい。

注

1) 『東方網』2007年2月5日。
2) 『東方網』2007年2月8日。
3) 『網絡天書』2005年11月21日。
4) 『人民網』2000年6月8日。
5) 『央視国際 (CCTV.com)』2006年4月10日。
6) 『CNNIC』1997年5月30日。

7) 『CNNIC』1997 年 12 月 11 日。
8) 『CNNIC』1994 年 2 月 18 日。
9) 『大紀元』2006 年 2 月 14 日。
10) 『大紀元』2006 年 2 月 21 日。
11) 『大紀元』2005 年 11 月 23 日。
12) 『頭家交流園地』2004 年 4 月 27 日。
13) 『南方網』2002 年 8 月 14 日。
14) 『中国網』2003 年 2 月 27 日。
15) 『大紀元』2006 年 2 月 20 日。
16) イーセン・グッドマン『失われた新中国―アメリカ商人の中国における理想と裏切り』博大出版社，2005 年 6 月。
17) 『CNNIC』2000 年 9 月 25 日。
18) 『CNNIC』2000 年 11 月 1 日。
19) 『新華網』2007 年 4 月 20 日。
20) 『新華網』2003 年 11 月 19 日。
21) 『CNNIC』2004 年 11 月 5 日。
22) 『網絡安全網』2001 年 7 月 4 日。
23) 『網絡知識網』2007 年 6 月 21 日。
24) 『環球時報』2008 年 1 月 12 日。
25) 『大紀元』2003 年 11 月 14 日。
26) 『中国経営報』2004 年 6 月 7 日。
27) 『大紀元』2006 年 2 月 10 日。
28) 『大紀元』2006 年 4 月 29 日。
29) 「『大紀元』2006 年 4 月 20 日。
30) 『大紀元』2006 年 4 月 24 日。
31) 『中国時報』2007 年 11 月 8 日。
32) 『中央広播電台』2007 年 11 月 3 日。
33) 『大紀元』2006 年 2 月 23 日。
34) 『大紀元』2006 年 3 月 23 日。
35) 『大紀元』2006 年 2 月 9 日。
36) 『AFP』2007 年 11 月 7 日。
37) 『南方快報』2005 年 6 月 16 日。
38) 『大紀元』2005 年 6 月 14 日。
39) 『大紀元』2005 年 6 月 12 日。
40) 『中央社』2005 年 6 月 13 日。
41) 『大紀元』2006 年 2 月 1 日。

42)　『大紀元』2006 年 2 月 2 日。
43)　『大紀元』2007 年 2 月 4 日。
44)　『大紀元』2006 年 1 月 26 日。
45)　『大紀元』2005 年 8 月 31 日。
46)　『自由時報』2006 年 2 月 14 日。
47)　『大紀元』2006 年 1 月 27 日。
48)　『大紀元』2006 年 1 月 31 日。
49)　『明報新聞網』2006 年 1 月 20 日。
50)　『亜洲時報』2006 年 1 月 27 日。
51)　『大紀元』2007 年 5 月 12 日。
52)　『AFP』2007 年 11 月 6 日。
53)　『騰訊網』2007 年 1 月 23 日。
54)　『CNNIC』1997 年 11 月。
55)　『今日晩報』2007 年 7 月 31 日。
56)　『網易科技網』2008 年 1 月 17 日。
57)　『CNNIC』2008 年 7 月 24 日。
58)　『新浪網』2008 年 7 月 24 日。
59)　『騰訊網』2009 年 1 月 14 日。
60)　『騰訊網』2009 年 1 月 13 日。
61)　『連合報』2009 年 3 月 6 日。
62)　中国信息導報社編輯『中国信息導報』科学技術文献出版社、2002 年 02 期。
63)　『大紀元』2005 年 11 月 18 日。
64)　『騰訊網』2007 年 1 月 17 日。
65)　『中央社』2007 年 8 月 31 日。
66)　『今日晩報』2007 年 7 月 31 日。
67)　『計算機世界日報』2000 年 8 月 17 日。
68)　『資安之眼』2007 年 12 月 3 日。
69)　『連合報』2008 年 2 月 13 日。
70)　『中国時報』2006 年 5 月 10 日。
71)　『大紀元』2007 年 10 月 11 日。
72)　『台湾サイト（Taiwan.CNET.com）』2006 年 4 月 24 日。
73)　『中国新聞網』2007 年 1 月 27 日。
74)　『大紀元』2007 年 8 月 31 日。
75)　『中広新聞網』2007 年 8 月 29 日。
76)　『瞭望新聞週刊』2008 年 2 月 18 日。
77)　『中時電子報』2007 年 8 月 31 日。

78) 『連合新聞網』2007 年 8 月 29 日。
79) 『台湾サイト（Taiwan.CNET.com）』2007 年 8 月 30 日。
80) 『星島日報』2006 年 4 月 26 日。
81) 『自由亞洲電台』2006 年 4 月 25 日。
82) 『南方週末報』2005 年 4 月 28 日。
83) 『中央社』2007 年 3 月 14 日。
84) 『東方網』2007 年 2 月 5 日。
85) 『中国新聞網』2007 年 1 月 25 日。
86) 『中国時報』2007 年 6 月 26 日。
87) 『国家広播電影電視総局』2008 年 2 月 22 日。
88) 『軍事新聞網』2008 年 2 月 24 日。

著者紹介

林　惠　玉（リム・フィギョッ）

台湾に生まれる．
1999年　一橋大学博士号（社会学）取得
現　在　中央大学経済学部兼任講師，中央大学経済研究所客員研究員，早稲田大学現代政治経済研究所特別研究員
主要著書　『百貨店の文化史』（共著，世界思想社，1999）
主要論文　「15年戦争時の旧植民地台湾の広告（その1）」（『一橋研究』第23巻第2号）
　　　　　「日本統治下台湾の広告研究」（博士論文『日経広告研究所報』188-196号）
　　　　　「近代中国におけるラジオ放送」（『中央大学経済研究所年報』第33号）
　　　　　「国民政府の教育政策とメディア」（『中央大学経済研究所年報』第34号）ほか

中国の広告とインターネットの実態

2010年5月17日　初版第1刷発行

著　者　林　　惠　　玉
発行者　玉　造　竹　彦

郵便番号 192-0393
東京都八王子市東中野742-1
発行所　中央大学出版部
電話 042(674)2351　FAX 042(674)2354
http://www2.chuo-u.ac.jp/up/

©2010　Hui-giok LIM　　　　　印刷　藤原印刷
ISBN978-4-8057-6176-2